Travessias

Inclusão Escolar:
a experiência do Grupo Ponte Pré-escola
Terapêutica Lugar de Vida – USP

ORGANIZADORES
FERNANDO ANTHERO GALVÃO COLLI E
MARIA CRISTINA MACHADO KUPFER

Travessias

Inclusão Escolar:
a experiência do Grupo Ponte Pré-escola Terapêutica Lugar de Vida – USP

1ª Edição
2005

2ª Edição
2006

Editores
Ingo Bernd Güntert e Myriam Chinalli

Produção Gráfica
Renata Vieira Nunes

Editoração Eletrônica
Nair Fernandes da Silva

Capa
Andréa Malanski Cruz

Revisão Gráfica
Christiane Gradvohl Colas

Dados Internacionais de Catalogação na Publicação (CIP)
(Câmara Brasileira do Livro, SP, Brasil)

Travessias inclusão escolar : a experiência do grupo ponte Pré-escola Terapêutica Lugar de Vida / organizador Fernando Anthero Galvão Colli . – São Paulo: Casa do Psicólogo®, 2005.

Vários autores.
Bibliografia.
ISBN 85-7396-376-X

1. Crianças com atraso de desenvolvimento - Educação (Pré-escola) 2. Direito à educação 3. Educação inclusiva 4. Inclusão social 5. Pré-escola Terapêutica Lugar de Vida (Instituto de Psicologia, Universidade de São Paulo) 6. Psicanálise I. Colli, Fernando Anthero Galvão.

05-3774 CDD- 155.418

Índices para catálogo sistemático:

1. Inclusão escolar: Crianças e jovens: Pré-escola Terapêutica Lugar de Vida: Passagem para escolas regulares: Psicologia infantil 155.418

Impresso no Brasil
Printed in Brazil

Casa Psi Livraria, Editora e Gráfica Ltda.
Rua Santo Antonio, 1010 Jardim México 13253-400 Itatiba/SP Brasil
Tel.: (11) 45246997 Site: www.casadopsicologo.com.br

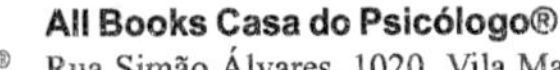

All Books Casa do Psicólogo®
Rua Simão Álvares, 1020 Vila Madalena 05417-020 São Paulo/SP Brasil
Tel.: (11) 3034.3600 E-mail: casadopsicologo@casadopsicologo.com.brsite: www.casadopsicologo.com.br

Agradecimentos

Às crianças "anormais" que, se não estiverem segregadas, questionam o nosso saber hegemônico. Sem elas, este livro não seria possível.

Aos educadores da rede pública, que tendo todas as justificativas para segregar as crianças "anormais", ousaram avançar. Sem eles, este livro, também, não seria possível.

A Maria Cristina Machado Kupfer, diretora da Pré-escola Terapêutica Lugar de Vida do Instituto de Psicologia da Universidade de São Paulo, a Lina Galletti Martins de Oliveira, diretora clínica, e Marize Lucila Guglielmetti, diretora de ensino, que criaram e mantêm esse Lugar de Vida, onde a dialética entre a clínica e a teoria é apaixonante.

A Maria Helena Souza Patto, diretora do Instituto de Psicologia da Universidade de São Paulo, que até nos momentos de dor se dispôs a estar junto dos educadores, pelo carinho que tem pelo Grupo Ponte.

Aos colegas da Pré-escola Terapêutica Lugar de Vida, que com seus questionamentos nos obrigam a sustentar teoricamente a nossa prática.

Sumário

Prefácio

Passagens: a psicanálise em movimento

Na *Declaração dos Direitos do Homem e do Cidadão* de 1789, os líderes revolucionários estabeleceram como princípio da nova ordem social almejada que *"todos os homens são iguais perante a lei; dignidades, cargos e empregos públicos são igualmente acessíveis a todos, sem distinção de nascimento."*

Como parte da nova realidade, não há só uma outra organização do Estado, mas também a igualdade de direitos. Entre eles, o direito à educação destacou-se de imediato. Nas primeiras reformas do ensino, ainda no período revolucionário, a instrução escolar compareceu como condição da igualdade e, assim, como direito de todos, sem distinção.

No entanto, à medida que a nova ordem se esclareceu como lugar da desigualdade social produzida pelo modo de produção capitalista, a ênfase inaugural na igualdade resvalou para o grifo nas diferenças individuais de capacidade. O motivo dessa mudança tornou-se fácil de entender: são vários os historiadores que falam da chegada do século XIX como um "amanhecer difícil". A filósofa Agnes Heller resume com precisão a passagem do sonho libertário para a realidade sombria da nova estrutura social: *"ao amanhecer não se sucedeu o dia. Mas mesmo onde surgiu o dia – como na Inglaterra – esse dia acabou por ser muito mais problemático e con-*

traditório do que parecera sob a luz rosada do amanhecer". O desejo foi o de uma sociedade igualitária. A sociedade nascente mostrou-se palco de desigualdade, opressão e exploração. Afirmá-la igualitária passou a ser a marca registrada de um discurso ocultador da injustiça contida na nova estrutura social.

O novo homem ideal é produtivo e adaptado à sociedade. As palavras de ordem são: eficiência, rapidez, produtividade e colaboração. É anormal, vicioso ou incapaz quem não produz e não obedece " conceito de anormalidade, com inegável dimensão política, que se abateu sobre os explorados, os não-brancos, os contestadores, os colonizados e os portadores de alguma dificuldade física ou mental que prejudicasse a capacidade de trabalhar ou de conformar-se às regras sociais.

Os "fracassados" passaram a ser concebidos como os que não tinham as virtudes e os talentos necessários ao sucesso numa sociedade supostamente igualitária. A psicologia psicométrica veio para identificá-los e para justificar a exclusão dos "incapazes" dos direitos sociais; para torná-los desiguais, porque diferentes dos que tinham utilidade social. As diferenças individuais passaram a ser o critério fundamental de cidadania. No caso das crianças, o direito à inclusão na escola, um dos lugares da infância na modernidade.

Diferenças de capacidade física e mental passaram a ser critério de organização do sistema escolar: aos que não se ajustavam à rapidez, eficiência, produtividade e obediência valorizadas pela nova pedagogia, restou a segregação em escolas especiais ou a exclusão de qualquer modalidade de escola. Na melhor das hipóteses, o envio a classes especiais, depósitos de incapazes apartados do restante do corpo escolar.

A palavra de ordem da administração escolar passou a ser *homogeneidade*. Inspirados nos princípios tayloristas da produção industrial, pedagogos passaram a pregar, em nome da produtividade escolar, a homogeneização das classes por meio de avaliações e classificações médicas e psicológicas, como se crianças fossem matéria-prima, a pedagogia fosse máquina que a processa e o produto escolar, crianças todas ordeiras e produtivas, mas diferentes quanto ao lugar que ocupariam na estrutura social, dadas as diferenças naturais de aptidão.

Foi assim que ensino passou a ser sinônimo de procedimentos técnicos. Foi assim que ficou justificada a destinação da maioria às profissões socialmente desvalorizadas e a transformação da "matéria-prima com defeito" em sucata condenada à margem, à invisibilidade social por práticas de internação ou até mesmo de extermínio, como aconteceu na história recente de países ocidentais "civilizados".

*

O que a Pré-escola Terapêutica Lugar de Vida tem a ver com isso? Como lugar aparentemente destinado ao mero atendimento clínico de crianças e adolescentes com distúrbios globais de desenvolvimento (entre eles, os chamados "autistas"), a resposta poderia ser: "nada". No entanto, a escuta dos textos incluídos nessa coletânea permite-nos responder, sem hesitar, que seu principal assunto é exatamente este: o do direito de todas as crianças à escola. Para atingir esse objetivo, o Grupo Ponte acompanha a inclusão de crianças e jovens atendidas no Lugar de Vida em escolas regulares da cidade de São Paulo.

À medida que a leitura progride, vão surgindo palavras-chave: inclusão; escuta; parceria; circulação da palavra; giro discursivo; travessia. O que se faz é pôr o instrumental psicanalítico a serviço do direito dessas crianças, como crianças que são, à inserção escolar, não só como objetivo de natureza ético-política (ou seja, que quer intervir nas relações de poder inerentes à negação de direitos), mas também como meta de natureza especificamente clínica.

Nesse sentido, Evelyse Stefoni de Freitas ressalta que inclusão tem a ver com cidadania, mas também com os efeitos da freqüência à escola e do direito ao convívio escolar (em termos lacanianos, à "inclusão na estrutura discursiva da escola") sobre a constituição do sujeito:

> *"Nesse sentido, a inclusão escolar está para além do direito e do cumprimento da lei que ordena que todas as crianças estejam na escola. Quando pensamos na entrada de alguma criança numa escola, não é só porque ela precisa ser socializada, nem tampouco só porque precisa manter as 'ilhas de inteligências' preservadas. Certamente é mais que isso. Pensamos na escola como lugar subjetivante das crianças que, por algum motivo, encontraram um obstáculo no processo de subjetivação."*

Os profissionais que colaboram no processo de travessia do Lugar de Vida para a escola estão cientes dos males causados por uma política educacional perversa que sucateia a rede pública de ensino. Sabem que os educadores são produtos de uma sociedade eivada de preconceitos e que eles trabalham em condições adversas que os indispõem a aceitarem mais uma carga advinda da inserção em suas salas de crianças portadoras de dificuldades especiais. Conhecem a precariedade da política oficial de inclusão, tal como vem sendo realizada pelas Secretarias de Educação. Por isso, além de saberem do mal-estar inevitável que há no processo educativo, sabem do mal-estar evitável que advém dos preconceitos e das condições de formação e de trabalho dos educadores. Daí a importância atribuída à parceria com os educadores da escola, compartilhada por todos os autores dos textos aqui reunidos.

Esta parceria consiste, segundo Ana Beatriz Valério Coutinho e Paula Aversa, em acolher o professor "no contato com a loucura", de modo a permitir-lhe, *"por meio da escuta ativa e da promoção de espaços próprios de interlocução"* a elaboração desse contato e a construção de *"um ponto de ancoragem que ajuda a dar sustentação ao lugar desta criança na escola."* Ou seja, a transformação da criança diferente em aluno requer, como afirma Marise Bastos, a inclusão dos próprios professores no processo, *"fazendo circular os 'não-ditos' que adoecem o indivíduo e o tecido social."*

Se a educação é sempre um tema político – pois se refere inevitavelmente a relações de poder numa sociedade dividida – quando se transforma em assunto político-partidário, se orienta, como bem assinala Rinaldo Voltolini, por uma lógica extremamente restritiva das medidas tomadas, inclusive providências recentes voltadas para a inclusão dos diferentes: *"acredita-se que tudo depende sempre de medidas administrativas."* Ou seja, acredita-se que tudo se resolve com reformas e projetos, sem que se leve em conta aquilo que se convencionou chamar de "chão da escola". Os resultados desastrosos para a qualidade do ensino oferecido e para a saúde mental de educadores e alunos são visíveis; os resultados político-partidários são sempre positivos, pois tais medidas e os números impostores que produzem servem como propaganda eleitoral enganosa.

Ao falarmos em "chão de escola", estamos nos referindo à dinâmica institucional. Nanci Mitsumori e Valéria Amâncio mostram-se cientes disso ao enfatizarem que *"vem se tornando cada vez mais claro que nosso trabalho de acompanhamento de inclusão escolar deve envolver toda a instituição"*, o que levou o Grupo Ponte a ter entre suas frases norteadoras, uma que insiste em retornar: *"o aluno não é só da professora, mas de toda a escola."*

Sobre essa parceria, Fernando Colli informa que ela *"se estabelece através de visitas à escola, todas as vezes que solicitadas, pois reconhecemos e respeitamos a autonomia da escola."* Nessa linha fundamental de respeito ao educador e à especificidade de sua função, os integrantes do Grupo Ponte resgatam o trabalho psicológico na escola de alguns equívocos que o afastam da especificidade da contribuição que os estudiosos da psique podem trazer ao processo escolar: alguns levam às escolas conhecimentos sociológicos sobre a relação escola-sociedade de classes e param por aí; outros agem indevidamente como pedagogos e querem intervir nas práticas de ensino dos professores. Se esses lugares indicam a intenção louvável de abandonar o lugar psicometrista e terapêutico-adaptativo tradicional dos psicólogos escolares, eles deixam, no entanto, vazio o espaço que poderiam ocupar os que se dedicam à compreensão da intra e da intersubjetividade.

Mas a parceria é também com os pais. Monica Nezan lembra que o trabalho escolar é sustentado pelos pais, *"pois é a demanda deles que marca o início do trabalho* [de inclusão] *"*, motivo do lugar central atribuído no Lugar de Vida à escuta deles. *"Somente assim se pode deslocar a posição subjetiva dos pais em relação ao filho."*

Atentos ao perigo da cristalização contida nas "receitas" e à importância do questionamento permanente (do espaço do "não saber"), os integrantes desse grupo de barqueiros, que se propõem a viabilizar a difícil travessia de crianças isoladas ao estatuto de alunos, assinalam dificuldades.

Monica Nezan adverte que os "incluídos" podem não passar de "excluídos" que agora estão dentro das escolas; Siglia Leão, como Voltolini, fala de um processo sempre em construção – *"o devir do caso, em aberto";* a inclusão é "não-toda"; Andréa Assali e Valéria Amâncio comparecem para lembrar algumas formas que assumem as resistências da instituição escolar; Luciana Braga nos alerta para perigo do assistencialismo que ronda o atendimento de crianças vistas como "coitadinhas"; Maria Eugênia de Toledo nos conta sobre educadoras de uma creche que fizeram do "experimentar" o verbo mais conjugado.

Fernando Colli fecha a coletânea de forma forte, ao registrar a importância terapêutica das marcas do real.

*

Maria Cristina Machado Kupfer, fundadora da Pré-Escola Terapêutica Lugar de Vida, pôs, desde o início, o atendimento que nele se dá nos termos que estruturam esses textos.

Sempre admirei a coragem de Cristina. De um lado, porque se propôs à realização de um trabalho de grande envergadura em terreno institucional nada propício, o que a levou a uma luta sofrida e infrutífera por recursos que garantissem a realização desse projeto que contempla, no entanto, as três finalidades básicas da Universidade de São Paulo: a docência, a pesquisa e a extensão. De outro, porque levou à frente, até as últimas conseqüências, um projeto intelectual iniciado no mestrado: o de pensar as relações entre psicanálise e educação. Nesse caso, em terreno ainda mais inóspito: o campo psicanalítico, no qual predomina a crença de que os operadores da teoria psicanalítica só têm validade com o cliente no divã. Nesse sentido, ela põe a psicanálise em movimento ao construir pontes que a levem a outros espaços sociais.

Entre tantas contribuições trazidas por seus escritos, uma delas merece destaque: ao resgatar o conceito de "sujeito do inconsciente" no campo do pensamento educacional, Cristina Kupfer questionou pela base uma psicologia escolar e uma pedagogia baseadas na manipulação de professores e alunos tendo em vista alcançar o (impossível) controle absoluto deles, com o objetivo de garantir a realização de metas políticas questionáveis de disciplinamento físico, intelectual e moral. Concordo com ela em que o conhecimento dos educadores sobre a teoria freudiana da psique pode ser instrumento poderoso na superação do conceito de educação como domínio absoluto do aprendiz, concepção que infelicita gerações e gerações de educadores e educandos e faz das escolas campos permanentes de guerra surda ou aberta.

A dimensão política do pensamento de Kupfer estava posta desde o começo. Em seus textos a reflexão teórica não se dissocia da dimensão ética do exercício da profissão. Em 2001, ela explicitou um de seus princípios, talvez o mais básico: *"garantir que uma criança 'defeituosa' viva é garantir que ninguém terá o poder de decidir sobre a vida ou a morte de quem quer que seja; portanto, garantir que uma criança com problemas viva é garantir que todas as demais vivam também."*

No texto de sua autoria que abre esta coletânea o compromisso político de tudo o que ela faz fica definitivamente patente. Numa passagem que sintetiza o objetivo do Grupo Ponte ela diz: *"estava na hora de assumir a inclusão escolar e construir, no caso a caso, o percurso da criança em direção à conquista da igualdade escolar que pudesse torná-la diferente das outras crianças."*

Concordo inteiramente que, sem a igualdade de direitos, não há respeito possível às diferenças. É isso que Maria Vitória Benevides quer dizer quando afirma que *"igualdade é o direito à diferença."*

Maria Helena Souza Patto
Outubro de 2004

Inclusão escolar: a igualdade e a diferença vistas pela psicanálise

M. Cristina M. Kupfer

O debate em torno da inclusão social e particularmente da inclusão escolar vem contribuindo, nas últimas décadas, para apresentar, mais uma vez e de outro ângulo, o tema da desigualdade social no Brasil, país campeão nesse quesito. De fato, o movimento de inclusão encontra sua principal mola propulsora no combate à desigualdade social e política.

É de se esperar então que sua principal bandeira de luta seja a defesa da igualdade. No âmbito escolar, essa defesa se traduz no conhecido princípio segundo o qual "todas as crianças são iguais perante a lei", com a conseqüente idéia de que a inclusão das crianças à margem do sistema escolar deve ser feita a qualquer custo. Assim, no campo da Educação Especial, afirma-se com veemência que, se as crianças são iguais perante a lei, então todas, absolutamente todas, devem estar na escola. Inclusão a todo custo, esse é o lema – inclusive para as crianças psicóticas e autistas.

Evidentemente, a enorme desigualdade social no Brasil precisa ser combatida, e o princípio da igualdade deve nortear toda e qualquer ação política interessada em combatê-la. Mas é possível localizar, na defesa da inclusão escolar incondicional de todas as crianças, sejam elas pobres ou "especiais", pelo menos dois problemas. O primeiro está na confusão que se instala quando aparece, ao lado da defesa da igualdade, a igualmente vigorosa defesa das diferenças entre as crianças. O segundo está no caráter absoluto com que se defende a inclusão: ela precisa ser feita a qualquer custo. Qualquer um?

Examinemos cada um deles.

Igualdade *versus* diferença

Na defesa da inclusão escolar, invoca-se ora a igualdade de todas as crianças, ora a sua diferença. Essa discussão chega à sala de aula, e diante dela a professora não sabe mais que lado escolher. Ora impõe regras iguais para todas, o que torna inviável a presença daquela criança que não faz outra coisa senão balançar-se ritmicamente, ora afirma que devemos respeitar as diferenças e permite que Joãozinho rasgue todos os desenhos que faz, para a revolta geral da classe.

Em uma pesquisa conduzida na França (Lantier e outros, 1994), os professores inclusivos ora colocam o acento sobre a igualdade, ora sobre a diferença. "*Tento considerá-la uma criança normal e fico muito atenta para não ter uma atitude diferente com ela*" (p. 198), diz uma professora, enquanto outra se dá conta, ao incluir uma criança especial, que é preciso "*abordar menos a classe como um grupo e mais como a totalidade de diversos indivíduos, e olhá-los cada um como o que eles são*" (p. 215). O problema se agrava quando a professora tem diante de si uma criança com distúrbios de comportamento mais significativos, pois justamente essas crianças não se submetem às regras.

A discussão em torno da igualdade ou da diferença é, antes de mais nada, política.

Contrariamente ao que se poderia supor, a bandeira da diferença sempre foi empunhada pelos grupos de direita, como afirma Pierucci (1990). Da perspectiva do discurso conservador (1), a diferença é naturalizada: não há o que fazer quando o indivíduo nasceu diferente. O senso comum acredita, ao contrário, que a defesa da diferença supõe uma posição progressista e portanto contrária àquela que é típica dos grupos conservadores; supõe também que esses grupos rejeitam a diferença e discriminam o diferente. Diz-se que, por essa razão, são, por exemplo, racistas. No entanto, fazem exatamente o oposto. Há uma celebração da certeza das diferenças, e uma urgência em sublinhar as diferenças para manter as distâncias.

A direita precisa ser antiigualitária. Os entrevistados de Pierucci revelaram, segundo ele, uma *"idêntica obsessão de afirmar e sublinhar as diferenças entre grupos de humanos, dotados (é o que se diz) de especificidades irredutíveis"* (p. 9-10) E, mais adiante: *"Pois, funcionando no registro da evidência, as diferenças explicam as desigualdades de fato e reclamam a desigualdade (legítima) de direito.* Différence oblige. Chacun à sa place" (2).

M. Helena Souza Patto (1984) já havia assinalado essa lógica desde *Psicologia e ideologia*. Nesse texto, examinou as raízes políticas presentes no nascimento da Psicologia Diferencial, uma psicologia cujo principal alvo era o de legislar, apontar, organizar e legitimar as diferenças entre os sujeitos, sobre as quais o liberalismo apoiou-se para justificar as desigualdades sociais.

Como lembra Pierucci, a direita surgiu em reação à Revolução Francesa, ao ideal republicano de igualdade e fraternidade e a *"tudo o que havia de universalismo e igualitarismo no movimento das idéias filosóficas no século XIX"* (p. 11). Historicamente, sempre coube às esquerdas ou aos progressistas a defesa da igualdade. Recentemente, porém, também esses últimos grupos passaram a professar o respeito às diferenças, tomando porém o cuidado de não confundir diferença com desigualdade. No entanto, parece não ser possível defender a diferença sem reforçar práticas discriminatórias, eis a conclusão a que chega Pierucci.

Diferentes e por isso desiguais, dizem os conservadores. Diferentes, mas iguais, dizem os progressistas. Fazem lembrar Millôr Fernandes, que já afirmou: *"somos todos iguais, mas alguns são mais iguais do que outros"*. Para os defensores da inclusão a qualquer custo, a afirmação é: *"as crianças especiais são iguais a todas"*.

Mas para outra corrente da mesma Educação Especial, talvez se trate de afirmar que *"todas as crianças são diferentes, mas algumas são mais diferentes do que outras"*.

A idéia de que pode haver uma gradação ou hierarquia nas diferenças – algumas são "mais" diferentes – pode remeter, em primeiro lugar, às observações feitas por alguns professores inclusivos, para quem o contacto com as crianças especiais havia ensinado a tolerar os alunos com dificuldades escolares, mas considerados "não especiais". Ou seja, os "só um pouco" diferentes. Alain Savary, citado no prefácio de S. Tomkiewicz para o livro de Lantier (1994), afirma ser a integração das crianças especiais um verdadeiro "Cavalo de Tróia", pois ela força a educação a aceitar melhor todas as crianças, desde os melhores da classe até os especiais "não oficiais".

Ao falar das diferentes diferenças, o que surge é a idéia de que há uma norma, e o distanciamento gradual dessa norma definirá o grau de diferença que um sujeito assumirá em relação a ela. Quanto mais distante da norma, mais diferente. A igualdade seria então equiparada à norma, e as diferentes diferenças consistiriam em desvios maiores ou menores da norma da igualdade.

Seria essa a única maneira de articular diferença com igualdade?

Psicanálise: a relação entre o particular e o geral

O ponto de partida para articular diferença com igualdade pode ser outro: é possível afirmar que a diferença não é um desvio da norma, mas surge dela, emerge a partir da lei. A diferença precisa da igualdade, tomada agora em sua acepção de norma geral para todos, para poder se engendrar. Não se define em uma relação de distância maior ou menor, mas é produzida no próprio interior da noção de igualdade ou de norma. Ou seja, a diferença nasce da igualdade.

Colocada nesses termos, a discussão sofrerá uma inflexão. Trata-se agora de investigar o tipo de relação que articula igualdade e diferença, e nos aproxima de uma outra articulação: aquela entre o particular e o geral, ou entre o singular e o universal, e é neste momento que a psicanálise poderá intervir.

Tendo abandonado a velha dicotomia indivíduo/sociedade, na qual estava presente a mesma preocupação de separar a esfera do psicológico daquela do social, ou seja, o particular do geral – ou o igual social do diferente individual – a psicanálise recoloca a discussão ao mostrar que o sujeito nasce do Outro.

A psicanálise, no princípio, se dirigia ao sujeito singular, o paciente no divã. Mas Freud, desde o início de sua obra, preocupou-se em fazer leituras do social, da cultura e de suas produções. A psicologia é desde o princípio psicologia social, afirma Freud (1921). Hoje, o tratamento dado à relação entre o sujeito e o social, ou entre o particular e o geral partiu da abordagem de Freud e foi mais adiante. Os trabalhos de alguns psicanalistas contemporâneos o demonstram.

Mezan (2002), em *Interfaces da Psicanálise*, trata sujeito e cultura como dois objetos que podem ser submetidos ao método da psicanálise aplicada e por ela interpretados. Destaca-se ali uma formulação em que a noção freudiana de inconsciente já se encontra, em sua própria concepção, ligada ao coletivo:

> *"agora há uma tópica na qual se relativiza a diferença entre o individual e o social, porque dentro do próprio indivíduo existe a instância do superego, para a qual não se coloca a pergunta se é individual ou social. Ela é social e individual ao mesmo tempo"* (p. 321).

A mesma idéia se encontra enunciada em Rassial (2002):

> *"Mas se vocês lerem o* Mal-estar na civilização *vocês verão que Freud se coloca como antropólogo porque o inconsciente é uma questão coletiva. O inconsciente não define nem uma individualidade, um indivíduo, para a psicanálise não há indivíduo, já que há apenas o sujeito*

> *dividido, mas também não define a humanidade enquanto tal. O inconsciente é culturalmente determinado"* (p. 3).

Também em Calligaris (1992/1993), em *À escuta do sintoma social*, o enodamento entre o particular e o geral, entre o individual e o coletivo, reaparece:

> *"O inconsciente não é um depósito mnésico individual. Ao contrário, como Lacan diz, ele é trans-subjetivo, ou seja, é a rede dos laços de linguagem e os discursos que nos organizam e pelos quais somos produzidos como sujeitos. A cena analítica, o consultório de um analista, é um lugar povoado por uma multidão indefinida. Desde que o sujeito fala, articula-se uma rede que se estende indefinidamente, da qual ele é efeito"* (p. 16).

Pommier (1989) considera a hipótese freudiana sobre o totemismo "um mito científico", um recurso utilizado por Freud para explicar o início da civilização. Ele reconhece que no mito do assassinato do Pai está narrada a fundação do campo social *ao mesmo tempo* em que se encena a origem do sujeito. Nesse entrelaçamento, Freud estaria fazendo o singular *surgir* do universal. O mito é concebido como um modelo de estrutura das relações humanas, que garante sua repetição sem que, com isso, tenha de ser recriado a cada geração.

Em outro momento, Pommier lembra também o modo como Lacan articula sujeito e cultura, sujeito e linguagem por meio de outro mito, o do Édipo. Se o Édipo é uma estrutura formal vazia, que define lugares e posições, então o sujeito deverá encená-lo ao seu modo, com sua versão. A versão do sujeito é a sua fantasia particular sobre o mito, que é universal. O sujeito emergirá da travessia do Édipo com um estilo próprio de funcionamento psíquico. Desse modo, a fantasia fundamental, que é própria e única de cada um, é a versão do complexo de Édipo para cada sujeito.

A estrutura geral está na base do complexo de Édipo, não é outra senão a estrutura da linguagem, o campo do simbólico, e não se confunde com o conjunto das leis entendidas como regras. Mas essas últimas dependem das primeiras, e supõem, entre outros operadores, a falta, a castração, sem os quais o funcionamento social não poderia se estabelecer, ao menos tal como o conhecemos.

Voltando agora ao tema em foco, pode-se afirmar, a partir da psicanálise, que é da igualdade na lei simbólica, na estrutura geral, que pode surgir a diferença ou a singularidade. Tomando-se agora a idéia de cultura, de estrutura geral, de Lei, e fazendo-a equiparar-se ao conceito lacaniano de Outro, será possível chegar à formulação que abriu neste trabalho a discussão sobre a contribuição da psicanálise: o sujeito nasce do Outro.

Um exemplo tomado da estrutura da língua pode ajudar a fundamentar melhor a idéia de que a diferença nasce da igualdade. Os melhores poetas são justamente aqueles que melhor conhecem a estrutura da língua em que escrevem. E porque a conhecem bem, usam-na para fazer surgirem efeitos, sonoridades, metáforas e sentidos insuspeitados, novos, *diferentes*. O estilo nasce do encontro da estrutura geral da língua com um tratamento singularíssimo, dado a ela por um sujeito.

Voltando para a escola

Chegando a esse ponto da discussão, a conclusão será uma só: todas as crianças deverão ir para a escola, na qual deverão ser tratadas como iguais, para que a partir disso possam surgir as diferenças. Não, porém, as diferenças de cor, ou de amplitude perceptiva (mais ou menos cegas, mais ou menos surdas, mais ou menos inteligentes), e sim aquelas que verdadeiramente interessam, ou seja, as diferenças subjetivas na apreensão do mundo, já que são essas diferenças que permitem o surgimento de seus estilos e, portanto, do novo. Um novo singular que poderá retornar ao social para revigorá-lo.

Temos, porém, um segundo problema a tratar. Na abertura desse texto, afirmou-se que a inclusão a *qualquer custo* precisaria ser revista: a inclusão não é para todos.

A criança psicótica tem, para dizer de modo breve, problemas com a Lei. Para ela, essa igualdade de estrutura, esse pacto simbólico ao qual é preciso curvar-se para que apareça o sujeito, está comprometida. Como, então, afirmar sua diferença, seu estilo, seu sujeito, se ela não está mergulhada o suficiente na Lei, não está por ela regulada? Pois, se aparentemente a criança psicótica é mais diferente do que as outras, ela é, em realidade, única, no sentido em que não há duas crianças psicóticas iguais. Isso é o que muitos psicanalistas dizem, ao afirmar que não existe a psicose infantil, mas apenas crianças psicóticas.

Afirma-se que estar na escola é, para ela, um direito. Mas algumas não sabem disso, e, em última instância, não querem saber, pois a relação com a Lei não interessa para elas. Assim, as crianças psicóticas beneficiar-se-ão da escola se, e apenas se, a escola funcionar como operador de *instalação* da igualdade, da Lei – que para elas ainda não existe ", como forma de fazer surgir um sujeito com uma possibilidade mínima de falar sobre si mesmo, sobre seu sofrimento ou sua psicose, com seu estilo. Para isso, terá de ser tratado como os outros, na medida do possível, sempre tendo em vista que não se trata de fazê-lo seguir regras, mas ajudá-lo a incorporar uma lei que é, antes de mais nada, simbólica.

No caso das crianças autistas, haverá uma dificuldade suplementar. Para algumas, os outros poderão ser localizados em uma posição ameaçadora, e essas crianças terão grande dificuldade em aceitar o barulho e a "invasividade" dos outros ao seu redor. Esse é um custo que pode ser, em alguns casos, maior que o benefício. Enquanto a sua percepção do Outro não puder ser modificada, a presença dos outros não lhe valerá de nada.

Eis por que a inclusão não é para todos. Só o estudo de cada caso poderá dizer para quem servirá a escola. Certamente, será para a grande maioria das crianças, especiais ou não, mas, repetindo, não para todas.

O acompanhamento escolar no Lugar de Vida

"Mas o que eu queria mesmo era uma escolinha para o meu filho". Com essa frase, a mãe de Franco inaugurou o acompanhamento escolar no Lugar de Vida.

Nascida como uma instituição de tratamento para crianças psicóticas e autistas, no Lugar de Vida parecia não haver lugar para acolher aquele pedido. Além disso, Franco era uma criança que apresentava poucos recursos cognitivos, Mas a frase da mãe não deixou de ser registrada e veio a fazer sentido mais tarde.

Logo que se mudou, em 1990, para o Instituto de Psicologia, o Lugar de Vida começou a oferecer às crianças em tratamento algumas atividades de ateliês, inspirando-se para isso na École Expérimentale de Bonneuil-sur-Marne, escola fundada nos arredores de Paris pela psicanalista Maud Mannoni. Foi, então, nesses ateliês, que se verificou a existência de "ilhas de inteligência" em crianças cujo funcionamento intelectual parecia profundamente prejudicado pela psicose.

Naquele momento, as atividades escolares no interior do Lugar de Vida passaram a ser valorizadas, mas ainda não se percebia a importância da entrada da criança na escola regular. Algumas crianças foram, porém, mostrando o caminho da escola, caminho nada suave, diga-se de passagem.

Adriana não se cansava de imitar o que fazia a estagiária do Lugar de Vida, uma aluna da graduação do Instituto de Psicologia. Sua mãe declarou, pouco tempo depois, que via com muita satisfação os progressos de Adriana e que contava a todos que sua filha era agora uma "estudante da USP"!

Felício se organizava, trabalhava bem e "se comportava" sempre que vestia o uniforme da escola, embora se perdesse quando o tirava.

Quando aprendeu a desenhar as primeiras letras, Silvinha acalmou sua agitação motora, melhorou sua fala e chegou à adolescência com certa organização psíquica que lhe permitia ir à escola, interessar-se por grupos de música de jovens e ter uma pequena circulação social.

As crianças do Lugar de Vida foram mostrando que a escola e as aprendizagens eram, para elas, uma ferramenta terapêutica, coadjuvante do tratamento que recebiam. Ir para a escola era terapêutico. Para os pais ("o que eu queria mesmo era uma escolinha") e para as crianças, que aumentavam sua circulação social, seu repertório cognitivo e sua posição no mundo da linguagem.

O passo seguinte foi a criação, em 1993, do Grupo Ponte para o acompanhamento escolar, pois estava na hora de assumir a inclusão escolar e construir, no caso a caso, o percurso da criança em direção à conquista da igualdade escolar que pudesse torná-la diferente das outras crianças.

Com a palavra, a partir deste ponto, os profissionais que construíram o Ponte.

Notas

1. Pierucci faz referência à direita, mas ressalta que está interessado sobretudo em apontar o aspecto discursivo social, e não relativo a uma posição política, da direita. Aqui será feita então a escolha de abordar o tema por esse viés, o do conservadorismo, para não entrar em uma discussão que não caberia no presente artigo.

2. A diferença obriga. Cada um em seu lugar.

Referências bibliográficas

CALLIGARIS, C. (1992/1993). À escutas do sintoma social. Entrevista. *Anuário Brasileiro de Psicanálise.* Rio de Janeiro, Relume Dumará, v., n.1, p. 11-22.

FREUD, S. (1921) Psicologia de grupo e análise do ego. *In: Edição standard brasileira das obras completas de Sigmund Freud.* Trad. sob a direção geral de Jayme Salomão. Imago, Rio de Janeiro, 1989, v. 18, p. 89-179.

LANTIER, N; VERILLON, A; AUBLÉ, J-P; BELMONT, B.;WAYSAND, E. (1994) *Enfants handicapés à l'école*. Paris, L'Harmattan.

MEZAN, R. (2002). *Interfaces da psicanálise.* São Paulo, Companhia das Letras.

PATTO, M.H. (1984). *Psicologia e ideologia. Uma introdução crítica da Psicologia Escolar.* São Paulo, T. A. Queiroz.

PIERUCCI, A. F. (1990). Ciladas da diferença. *Tempo social; Rev.Sociol. USP.* São Paulo, **2**(2): 7 -33, 2. sem.

POMMIER, G. (1989) *Freud apolítico?* Porto Alegre, Artes Médicas.

RASSIAL, J-J (2002). *Psicanálise e ciências humanas*. Aula proferida no Instituto de Psicologia da USP em abril de 2002. Inédito.

O Grupo Ponte

Fernando Anthero Galvão Colli

A psicanálise aplicada em instituições é objeto de reflexões por parte de psicanalistas. Jacques Alain Miller, no início da sua 9ª aula, em 29 de janeiro de 2003, do curso *Um esforço de poesia*[1], diz:

> *"(...) Um esforço de poesia concernente ao nosso esforço institucional, que consiste esses tempos de tentar criar instituições terapêuticas, como foram criadas naturalmente na Itália, mais dificilmente na França e em outros países. Isso pode parecer árido, difícil, pouco inspirador, e tentamos dar uma alma a esse esforço, nós mesmos, para compreender o que está em jogo para nós, para a psicanálise, no que se apresenta como certa mutação".*

E continua, na mesma aula:

> *"Há uma brecha em alguma parte. Portanto, havia um círculo encantado que nos mantinha não fechados, mas enfim que nos distanciava de certas possibilidades sociais; há uma brecha, não sei exatamente onde, não sei exatamente por que ela se produziu. Há uma brecha, e é preciso ir fundo; depois se vê. É a sã doutrina, é a sã tática. Aprofunda-se e, depois, se vê; tenta-se ver um pouco*

[1] Apostila autorizada pelo autor

durante, mas não se tenta tudo compreender e tudo saber antes. Portanto, estamos em uma situação concernente às instituições onde a prudência é a audácia: prudência é ir aí agora, não esperar que essa brecha miraculosa se feche – explorá-la. (...) há coisas novas na psicanálise. A verdade da psicanálise toma, se apressa em revestir as formas novas que nos surpreendem a nós mesmos. Bem, é um bom momento, é um grande momento, tentemos compreendê-lo, tentemos compreendê-lo".

O Grupo Ponte, desde que foi constituído, em julho de 1995, é prudente-audacioso; vai fundo, pensa a psicanálise tanto na instituição terapêutica quanto na instituição escola. Aprofunda-se, tenta tudo compreender, não consegue. O que pode compreender, escreve. É o nosso livro.

Apresentação

O Grupo Ponte é constituído por psicólogos escolares e clínicos, pedagogos, psicopedagogos, psicanalistas, pediatra e por alunos, que estão em formação na instituição, os quais reconhecem que a cura da criança psicótica é possível apenas com uma abordagem interdisciplinar. Tem como objetivo possibilitar o encontro da criança psicótica com o professor visando à inclusão dela na escola (lugar social onde o *infans* é designado criança) Para tanto, faz uso de operadores da teoria psicanalítica Lacaniana.

Pertence à Pré-escola Terapêutica Lugar de Vida do Instituto de Psicologia da Universidade de São Paulo, mas ocupa um lugar, especial, à borda. Posição privilegiada, que permite o distanciamento necessário para bem ver como a instituição trata seu paciente. Exerce uma função de vigilância, delicada, cuidadosa, respeitosa, impedindo-a de reter seu paciente além do tempo necessário do tratamento (dar alta é muito difícil porque algo sempre falta), lembrando-a de que o seu objetivo é tratar para que a criança possa, *à sua maneira*, usufruir do laço social.

Quando o Ponte vai à escola, ocupa, também, um lugar à borda para poder ver melhor como essa instituição acolhe seu aluno. Desse lugar, está sempre presente e atento para que o tempo de permanência necessário seja o adequado. Graças a essa função, muitos alunos "esquecidos", geralmente em salas especiais, são resgatados e retomam seus desenvolvimentos em salas regulares.

Foi criado por Maria Cristina Machado Kupfer[2], que constatou que o encontro da criança psicótica com o professor gera desconforto, angústia, em ambos, paralisando-os. Com o trabalho do Ponte, o encontro entre os dois pode deixar de ser paralisante e tornar-se produtivo.

Produtivo para quem?

Imaginávamos que a criança psicótica seria a única a beneficiar-se com a inclusão. A experiência tem evidenciado que todos os envolvidos se beneficiam: a criança psicótica, seus colegas e os educadores. O professor deixa de se orientar por um ideal de homogeneidade e passa a olhar cada aluno de uma maneira que leve em consideração as suas diferenças. Deixa de se ver, apenas, como transmissor de conteúdos pedagógicos e passa a se ver como educador.

O conhecimento escolar passa a ser uma ferramenta para que o aluno possa se estruturar como sujeito e não como instrumento de adaptação a um padrão suposto de normalidade social.

O colega, vivenciando a diferença, tem a possibilidade, com a ajuda do professor, de subjetivá-la, passando a se saber e a respeitar mais o outro, diminuindo, dessa forma, o seu preconceito.

---

[2] Psicóloga e psicanalista, professora doutora do Instituto de Psicologia da Universidade de São Paulo, diretora da Pré-escola Terapêutica Lugar de Vida do Instituto de Psicologia da Universidade de São Paulo.

Metodologia

Cada criança paciente da Pré-escola Terapêutica Lugar de Vida, ao receber da equipe terapêutica a indicação de escolarização, passa a ser acompanhada por um profissional do Grupo Ponte, que tem como função inicial assessorar os pais na procura e na escolha da escola. Uma vez escolhida a instituição escolar, *pelos pais*, cabe a ele entrar em contato com a coordenação e a direção para falar sobre a criança e oferecer a parceria do Grupo Ponte.

A parceria se estabelece por meio de visitas à escola, todas às vezes que solicitadas (reconhecemos e respeitamos a autonomia da escola). Estabelece-se, também, através de reuniões mensais entre todos os profissionais do Ponte e de todos os educadores envolvidos com as inclusões das crianças assistidas pela instituição.

Nestas reuniões o educador é convidado, incentivado, a falar sobre as dificuldades que está encontrando com o seu aluno, e, com a ajuda de todos os participantes, consegue elaborar um sentido, uma solução possível para sua dificuldade. Fazem parte da parceria os cursos de formação oferecidos aos educadores, que podem ser ministrados tanto na Universidade de São Paulo como nas escolas.

É função do profissional do Grupo Ponte participar da reunião semanal de toda a equipe terapêutica envolvida com a criança. Nessa reunião, discutem-se os avanços, os impasses, as dificuldades, as dúvidas a respeito da criança no processo terapêutico e debatem-se táticas para levar o tratamento adiante.

A equipe terapêutica é "provocada", a justificar as razões pelas quais a criança ainda não pode ser escolarizada; chamamos essa função de *função de êxtimo*[3].

Outra função é participar, quando solicitado, das reuniões dos educadores, na escola, com a finalidade de discutir as dificuldades

[3] Êxtimo: neologismo criado por Jacques Lacan, em oposição a íntimo, para dizer da função, do lugar, de quem olha de longe para bem ver.

encontradas no processo de inclusão do aluno. Nesse momento, deve contribuir para que os educadores achem suas próprias soluções.

O Grupo Ponte se reúne todas terças-feiras, durante três horas, para discutir o trabalho de cada profissional na inclusão de cada uma das crianças. É nessa discussão que construímos o nosso saber sobre a inclusão.

As escolas

Atualmente, o Grupo Ponte acompanha 29 crianças no processo de inclusão escolar. Desde crianças pequenas, que estão sendo incluídas em creches, até crianças maiores, que estão sendo incluídas no ensino fundamental 2. Dessas 29 crianças podemos dizer que três já estão incluídas, e que os professores não necessitam mais da nossa parceria.

São, aproximadamente, 29 escolas envolvidas, praticamente todas da rede pública, algumas, no início do processo de inclusão, quando os educadores envolvidos são poucos: geralmente o professor e o coordenador. Outras, que estão no meio do processo de inclusão, quando os educadores envolvidos são em número maior e quando o aluno deixa de ser aluno do professor e passa a ser aluno da escola. E, finalmente, as que se tornaram inclusivas, quando todos os educadores e funcionários se responsabilizam pelos "diferentes".

Sobre a experimentação da loucura no campo escolar

Ana Beatriz Valério Coutinho
Paula Carpinetti Aversa

"Não entendo. Isso é tão vasto que ultrapassa qualquer entender. Entender é sempre limitado. Mas não entender pode não ter fronteiras (...).O bom é ser inteligente e não entender. É uma benção estranha, como ter loucura sem ser doida".

Clarice Lispector

Naus errantes, leprosários, asilos, asilos sem muros, hospitais-dia: esses foram os lugares destinados à loucura ao longo dos tempos. Em sua *História da loucura*, Foucault (1972) analisa o processo orientado para a subordinação da loucura à razão, mais especificamente ao saber médico que passou a abordá-la como uma doença. Desse ponto de vista, portanto, cabia-se tratar a loucura como as demais enfermidades somáticas, reduzindo os seus variados sintomas a lesões anatômicas ou a disfunções orgânicas e reservando à loucura espaços de reclusão, pois se supunha que a internação pudesse favorecer a cura da doença mental por meio do isolamento, da vigilância e da disciplina do louco.

Tal como em outras esferas da vida humana, uma anatomia política passou a se engendrar, esquadrinhando o corpo humano para que operasse segundo a rapidez e a eficácia que se determinam como sendo ideais. Dessa forma, o manicômio surge como um lugar de tratamento da doença mental que se vale do princípio do isolamento e da normatização, fabricando corpos submissos e treinados: corpos dóceis.

Para libertar a loucura de sua condição doentia e de seu confinamento, vemos florescer no campo da saúde mental práticas que pretendem construir dispositivos possíveis de articulação do louco no tecido social, segundo uma postura política e ética que visa a garantir ao louco a sua cidadania. Essas práticas antimanicomiais têm como objetivo não somente a humanização das relações entre sujeitos, sociedade e instituições, mas também a construção de um outro lugar social para a loucura.

Os movimentos de inclusão escolar nascem como uma extensão do movimento antimanicomial que, se para os adultos representou a queda dos muros dos hospitais e o esforço de circulação social, para as crianças representou a possibilidade da escolarização regular. Segundo Jerusalinsky (1997),

> *"a figura da escola não é socialmente um depósito como o hospital psiquiátrico, a escola é um lugar para entrar e sair, é lugar de trânsito. Além do mais, do ponto de vista da representação social, a escola é uma instituição normal da sociedade, por onde circula, em certa proporção, a normalidade social"* (p. 91).

Ou seja, o significante escola é decisivo: escola é o lugar social da criança.

Nos últimos 50 anos, muito se tem refletido sobre a permanência de crianças diferentes nas escolas regulares. No Brasil, a primeira explicitação de compromisso do Estado com a educação especial surge em 1961, com a lei das Diretrizes e Bases da Educação (Lei 4.024/61). Até então, todo atendimento ao aluno com deficiência era realizado por clínicas particulares ou instituições privadas de caráter assistencialista.

A fim de nomear o movimento de absorção das crianças com necessidades educativas especiais pelo ensino regular, passou-se a usar a expressão "educação inclusiva". Esse termo começou a ser empregado a partir da *Declaração de Salamanca*, importante documento sobre o resultado de uma conferência organizada pela UNESCO e pelo governo espanhol em 1994 com a finalidade de determinar ações mundiais para a promoção da "educação para todos".

No contexto brasileiro, tais discussões contribuíram para a criação do Estatuto da Criança e do Adolescente, em 1990, que garante no Inciso III do artigo 54 ser *"um dever do Estado assegurar à criança e ao adolescente atendimento educacional especializado aos portadores de deficiência, preferencialmente na rede regular de ensino"*.

Todas essas conquistas legais, apesar de representarem um avanço importante para a educação, não garantem a presença dessas crianças, que apresentam um sério comprometimento psíquico, na escola.

Na escola, o encontro com a loucura provoca um impacto que deve ser cuidadosamente trabalhado, pois dele depende o sucesso da inclusão. Como pensar uma aproximação com a loucura que não desorganize a subjetividade das educadoras a ponto de inviabilizar o trabalho educativo?

A partir de recortes de um caso de acompanhamento escolar de uma criança do Grupo Ponte da Pré-escola Terapêutica Lugar de Vida pudemos pensar algumas questões relativas ao que o insólito da loucura desperta nos profissionais envolvidos.

Gabriel é um menino de 14 anos que não fala, apresenta gestos estereotipados e repetitivos, não faz uso contextualizado dos objetos e tem uma relação atípica com o outro. Aparentemente, não apresenta nenhum interesse por conteúdos escolares e praticamente não permanece sentado para a realização das atividades escolares. Após uma primeira tentativa de inclusão escolar, na qual Gabriel permanecia apenas dez ou quinze minutos em sala de aula, iniciou-se, em 2001, uma nova tentativa, dessa vez, acompanhada pelo Grupo Ponte.

Desde os primeiros contatos, a escola impôs uma série de condições para matriculá-lo e a única possibilidade encontrada foi fazer a inclusão de Gabriel via SAPNE (Sala de Atendimento para Portadores de Necessidades Especiais), ainda assim, com horários restritos e circulação limitada. Essas condições, que estavam vinculadas a questões administrativas, já davam indícios da resistência dessa escola em receber Gabriel, um menino que destoava do ideal de aluno vigente nas escolas e que, portanto, abalava seus alicerces.

Para Lacan, a experiência da loucura é a perda de referências, é o estilhaçamento do espelho, ou melhor, é um não se reconhecer no outro. Numa das conversas na escola, o que marcava o discurso de uma educadora era a dificuldade em reconhecer traços de humanidade nessa criança. Para ela: "*Gabriel fazia parte da espécie humana, mas não representava a espécie humana*".

Uma das representações que cercam a loucura é a de que ela ultrapassa os limites do humano. O louco não se submete às regras sociais e pode ser encarado como um perigo para as pessoas. Sua imprevisibilidade é entendida como ameaçadora.

Uma educadora, ainda no início da escolarização de Gabriel, nos dizia:

> "*O que me deixa preocupada, angustiada e com muito medo é que Gabriel joga tudo. Outro dia, estava eu e uma outra auxiliar aqui dentro da secretaria e Gabriel entrou rapidinho.(...) Tinha uma faca ali, porque o rapaz tinha acabado de trocar a água do bebedouro. Foi uma coisa muito rápida, ele pegou e me jogou a faca. Não que ele mirou para acertar, nada disso, foi uma coisa involuntária. Tudo que dá na mão dele, ele joga. Já pensou se ele acerta o olho de um filho meu! Eu como mãe não iria aceitar. Ele até já quebrou o vidro da sala de aula! É complicado a escola se responsabilizar por um aluno como o Gabriel*"(sic).

O encontro com a loucura, por vezes, pode ser catastrófico, pois pode colocar em jogo o fracasso da organização defensiva do sujeito, na medida em que faz com que ele entre em contato com experiências muito primitivas e já esquecidas. Esse estranho sentimento de familiaridade que a loucura nos provoca é semelhante ao que Freud

(1919) chama de "estranho familiar". É assim que, no relacionamento do homem "normal" com o louco, este último adquire o papel de espelho que reflete o encoberto, a loucura pessoal desconhecida.

> *"(...) o louco desvenda a verdade elementar do homem: esta o reduz a seus desejos primitivos, a seus mecanismos simples, às determinações mais prementes de seu corpo. A loucura é uma espécie de infância cronológica e social, psicológica e orgânica, do homem"* (Foucault, 1972).

A indisciplina do louco produz rupturas no universo da razão. *"Ele não senta, só roda, roda, roda na sala. Ele me deixa tonta"*, dizia- nos uma professora. O louco parece despertar o que está adormecido. Ante a possibilidade do colapso, ou seja, ante a vida física e psíquica ameaçada, muitas vezes as educadoras recorrem a saberes racionalizantes que irão mediar a sua relação com a criança.

Não que os saberes da pedagogia, da psicologia ou da psicanálise não tenham sua pertinência. Jean Oury (1991), num de seus textos, fala da importância de ferramentas conceituais para balizar o trabalho em um domínio tão diverso como este da loucura:

> *"(...) é como em música: conhecer os elementos da estrutura musical, saber descobrir os alcances que podem decrescer, ser sensível ao contraponto (...) exige uma disposição particular que se adquire pelo exercício de uma* tekné *, espécie de atenção trabalhada que torna sensível à qualidade de um contexto, à polifonia dos discursos (...). Para desvendar tal ou tal forma de manifestação patológica é preciso estar advertido. Problema banal semelhante à aprendizagem da escuta dos barulhos do coração: se não estamos preparados, não adianta escutá-los com o estetoscópio, pois não ouvimos senão ruídos confusos. Basta que nos digam que é preciso ouvir um 'tum-tá' para que,*

> *rapidamente, ao redor desse esquema possamos distinguir os ruídos, os sopros, os ritmos, etc..."* (p. 6).

Mas não é dessa formação que estamos falando. Ou melhor, não é só dela. O contato com a loucura pede uma formação que é da ordem de uma modificação, de uma disponibilidade interna. Aproximar-se da loucura exige uma suspensão das certezas que ampliam em nossa própria subjetividade a capacidade de vibração em relação à loucura.

Experimentar, se deixar afetar pela loucura, sem, porém, estar tomado por ela. Tampouco é permanecer num corpo fechado, seguro e impermeável.

> *"Nesse encontro está em jogo um saber sobre as 'dosagens', saber esse que vai se construindo a todo instante. A 'arte da dosagem', como diriam Deleuze e Guattari. Saber sobre os referenciais que nos organizam, os pequenos pedaços de terra que nos dão chão, sustentação para vivenciar o caos sem que este se torne um fim em si mesmo, o que seria a própria destruição"* (Cauchick, 2001, p. 82).

Diante das crianças incluídas, as professoras verificaram o fracasso de suas teorias pedagógicas: esse saber racionalizante que não dá conta da complexidade que está em jogo na educação dessas crianças. A formação necessária às educadoras é uma especialização em "pessoalidades", como sugere Carrozzo (1997). Não especialistas em determinados sintomas ou síndromes, como DM, DA, DV[1], como se apresentava uma de nossas professoras numa tentativa de se defender da angústia disparada pelo encontro com a loucura. Mas especialistas em poder estar pessoalmente nas relações – estabelecer transferências e suportar essas transferências, estando sempre

[1] Deficiente mental, deficiente auditivo e deficiente visual, respectivamente.

referenciados a um grupo – equipe e instituição – implicado nessa rede relacional.

E é aí que se insere o trabalho do Grupo Ponte. Esse grupo apresenta-se como um grupo de referência que permite a acolhida e a elaboração do contato com a loucura por meio da escuta psicanalítica no trabalho com os professores nas vicissitudes vivenciadas no processo de inclusão escolar.

Por meio dessa escuta ativa e da promoção de espaços próprios de interlocução, o grupo possibilita um ponto de ancoragem que ajuda a dar sustentação ao lugar da criança na escola, causando certa desorganização necessária na subjetividade das educadoras sem, porém, inviabilizar o trabalho educativo.

A psicanálise, nosso suporte teórico, propõe uma nova forma de se posicionar diante da loucura que aponta para a importância do resgate do sujeito já que, segundo Lacan, estamos sempre na ordem do um por um, ou seja, do caso a caso. Essa mesma psicanálise pode também promover o deslocamento do professor do lugar daquele que ensina para o lugar daquele que aprende, fazendo-o perceber seu estilo de aprendizagem, bem como suas dificuldades (Colli, 1997).

Vendo na criança um enigma a ser desvendado, objetivamos, com esse trabalho, que os educadores lancem-se na tentativa de questionar a sua condição de professores e os recursos pedagógicos de que dispõem para trabalhar com essas crianças. Um trabalho de equipe que frisa o levar em conta os outros e a si mesmo, nos seus limites e possibilidades.

Referências bibliográficas

Carrozzo, N. (1997). *Introdução*. In: Crise e Cidade: acompanhamento terapêutico. Org. Equipe de Acompanhantes Terapêuticos do Instituto *A Casa*. São Paulo, SP: EDUC.

Cauchick, Maria Paula (2001). *Sorrisos inocentes, gargalhadas horripilantes: intervenções no acompanhamento terapêutico*. São Paulo, SP: Annablume.

Colli, F. *et al. Começando uma travessia pelo Ponte.* Estilos da clínica: Revista sobre a infância com problemas, São Paulo, IPUSP, Ano II, nº 2, p.139-143, 2ºsemestre de 1997.

Foucault, M. (1972) *História da loucura na idade clássica.* São Paulo, SP: Perspectiva.

Freud, S. (1919). *O estranho.* In: Edição Standard das Obras Psicológicas Completas de Sigmund Freud. Vol XVII, Rio de Janeiro: RJ: Imago.

Jerusalinsky, A. (1997). A escolarização de crianças psicóticas. In *Estilos da Clínica. Revista sobre a Infância com Problemas.* São Paulo, Pré-Escola Terapêutica Lugar de Vida, IPUSP. 1 (2).

Lispector, C. (1999). *A descoberta do mundo.* Rio de janeiro, RJ: Rocco.

Oury, J. (1991). *Itinerários de formação.* Revue Pratique, n. 1. p. 42-50 (*mimeo*).

Dos *traumas* ao *mundo misterioso* de Thomas: o acompanhamento de um processo de inclusão em creche

Luciana Pereira Braga

Há alguns anos a Pré-escola Terapêutica Lugar de Vida – pela via do Grupo Ponte – vem tendo a experiência de acompanhar a inclusão de crianças com problemas graves na constituição subjetiva em escolas regulares, como parte da direção do tratamento dessas crianças. Entretanto, até há bem pouco tempo, essa experiência acontecia apenas com crianças em idade escolar.

Thomas é uma criança que tem uma história de inclusão escolar diferente. Quando ele tinha apenas um pouco mais de três anos de idade, começamos a nos interrogar se sua inserção numa instituição educacional poderia oferecer ganhos para a retomada de sua estruturação subjetiva, tanto pelos efeitos que poderiam ocorrer para ele, como para a sua família, principalmente para a mãe. Porém, naquele momento, colocamo-nos a seguinte questão: em vez de pensarmos na inclusão em uma escola, poderíamos considerar a *inclusão em creche* como *estratégia* de tratamento para essa criança? Seria possível o *educador de creche* ser um novo parceiro da instituição de tratamento no resgate da subjetivação das pequenas crianças que tiveram falhas na estruturação psíquica?

Se, por um lado, incluir uma criança na creche era apenas uma aposta naquele momento, por outro, a experiência anterior com crianças maiores permitia-nos sustentar a hipótese de que a inclusão na creche poderia trazer benefícios para Thomas. Nossa prática nos permitia dizer da importância de se apostar na inclusão escolar para as crianças com falhas na estruturação psíquica, justamente porque tem havido efeitos significativos sobre sua constituição subjetiva, como também elas têm respondido surpreendentemente bem à oferta de transmissão de conhecimento feita na escola. Além disso, alguns autores[1] nos davam elementos para pensar a creche como uma instituição que poderia beneficiar o trabalho de resgate da constituição subjetiva da criança, que sofreu falhas nesse processo.

Thomas ingressou na Pré-escola Terapêutica Lugar de Vida com um ano e dez meses, época em que ele e seus pais passaram pelo processo de triagem na instituição. No início, a escuta dos pais e os encontros com a criança permitiram pensar na hipótese de que havia obstáculos ao processo de constituição psíquica daquele menino.

Para se constituir como sujeito, no sentido da psicanálise, a criança deve atravessar as duas operações lógicas de causalidade psíquica de que Lacan (1998) fala no Seminário 11: a alienação e a separação.

A operação de alienação tem a ver com o que Kupfer (2001) diz a respeito da *função materna*. Segundo essa autora, no exercício da função materna, uma mãe sustenta para seu bebê o lugar do Outro primordial. *"Impelida pelo desejo, antecipará em seu bebê uma existência subjetiva que ainda não está lá, mas que virá instalar-se justamente porque foi suposta"* (p. 49).

É preciso que a mãe tome a criança em um lugar de muito valor, para que veja em suas produções (na emissão dos sons, no choro, no grito, no movimento de seus braços) algo além do que está ali presente, e que suponha nos atos da criança uma demanda dirigida a ela. A mãe nomeia esses atos e responde a eles. Assim, eles ganham estatuto simbólico, marcas da linguagem, e passam a pertencer ao

[1] Mariotto (2004) e Carvalho (2001) são autoras que formulam uma articulação entre a função da creche e a constituição subjetiva como propõe a psicanálise lacaniana.

campo do Outro. Quando isso está presente, dizemos que há *investimento libidinal* da mãe em relação à criança.

Kupfer (2001) diz que é a mãe, no exercício da função materna, que *"desenhará com seu olhar, seu gesto, com as palavras, o mapa libidinal que recobrirá o corpo do bebê, cuja carne sumirá para sempre sob a rede que ela lhe tecer"* (p. 49). Ela explica que esse processo está descrito por Lacan por intermédio da *metáfora do espelho*, que é o primeiro tempo da constituição de um sujeito – depois falado em termos da alienação – inaugurado pela construção da imagem do corpo a partir do desejo ou do olhar materno.

A criança se fará representar pelos significantes oferecidos por sua mãe. Ao exercer a função do Outro primordial, tesouro dos significantes, ela agencia a primeira inscrição significante sobre a criança (o S1), a primeira marca que guiará o seu modo de ser na vida, alienada em relação ao seu ser. Daí o nome dessa operação lógica: alienação. (Lacan,1998). Quando a mãe não toma a criança no lugar de valor e não consegue dirigir a ela seu investimento libidinal, pode impedir que se opere a alienação. Ou então, se do lado da criança, algo impede uma resposta ao investimento da mãe, isso pode ter como efeito o desinvestimento, e não ser possível operar a alienação da mesma maneira.

No caso de Thomas, o diagnóstico de uma doença orgânica – que tem como um dos seus efeitos a ocorrência de convulsões – na época em que ele tinha apenas quatro meses de idade, trouxe, além dos prejuízos para o desenvolvimento neurológico e motor, uma quebra do investimento libidinal da mãe em relação a ele.

A distância entre o filho que Thomas era e o que passou a ser após o episódio de convulsão tornou-se insuportável para a mãe. Em entrevistas com o profissional de referência do Lugar de Vida, ela contou que ele passou a ser um bebê mole, que não respondia mais ao seu chamado, e isso configurou uma queda do lugar de valor antes ocupado por Thomas. Ter um filho doente foi algo da ordem da *ferida narcísica* para essa mãe, algo que falava de seu próprio fracasso.

Pelas observações nas primeiras entrevistas, Thomas era uma criança que quase não estabelecia contato com o outro. Emitia alguns sons, andava, manipulava objetos. Tais comportamentos pareciam mecânicos, estereotipados. Ele circulava pela sala de atendimento, batendo com algum objeto pela parede, e permaneceria assim por horas, se ninguém interferisse. Thomas não falava, apenas gritava.

Quando as operações de alienação e separação não podem se efetivar, podemos ver, na clínica, crianças com problemas na *aquisição da linguagem*, na *constituição da imagem corporal* e no *estabelecimento do laço social.*

Diferentemente do que se está habituado a pensar, a imagem corporal, a aquisição da linguagem e o laço social dependem da constituição do psiquismo. O corpo da criança precisa ser falado pelo outro e precisa haver identificação e separação para se montar. Funções da motricidade podem ficar prejudicadas na impossibilidade de o psiquismo se constituir.

Por isso, avaliou-se que Thomas deveria ter um tratamento que buscaria recolocar essas duas operações no circuito entre ele e sua mãe. Ele passou a ter uma modalidade de tratamento, em que o atendimento é feito com mãe e criança. É um dispositivo oferecido pela instituição, especificamente para crianças pequenas, cujo atendimento é realizado pelo Núcleo de Intervenção Precoce do Lugar de Vida - NIP.

Após dois anos e meio, pudemos ver que o tratamento teve efeitos importantes, tanto para Thomas, como para sua mãe: foi possível resgatar o olhar da mãe para a criança. Esse resgate provocou mudanças em Thomas, que passou a responder às intervenções da analista e também ao investimento da mãe. Nitidamente, já tinha restabelecido a possibilidade de se afetar pelo discurso do Outro e também de estabelecer minimamente o laço, porém ainda de forma bastante frágil e específica.

A analista que os atendia conta que ele mostrava a possibilidade de se comunicar. Por exemplo: já falava algumas palavras, mas ainda não era possível compreender o que ele queria dizer. Pareciam desconexas do contexto. Ainda era difícil para ele lidar com situações de separação, fosse de uma pessoa com a qual ele era afetivamente ligado, fosse de um objeto.

Apesar dessas importantes mudanças, a posição ocupada pela mãe não lhe permitia o encontro com a falta no Outro. Ela o tomava numa *posição fálica imaginária* que o estava aprisionando e que nos fazia pensar que Thomas estaria estruturando-se numa psicose infantil (no entanto, pelo fato de a constituição subjetiva ocorrer no *tempo da infância*, há algo de provisório nessa estruturação, o que permite dizer que se trataria de uma *psicose não decidida* – Jerusalinsky, 1993).

Quando está suposta num lugar *fálico*, que obtura a falta no Outro, velando a castração, a incompletude que o acomete, manter-se aí é impeditivo para a criança, pois para ela se constituir como sujeito é preciso que se opere não só a alienação, mas também a separação.

A segunda operação lógica que causa o psiquismo acontece pelo encontro com a falta no Outro (Lacan, 1998). Pela própria estrutura da linguagem, não há como os significantes ofertados pela mãe representarem totalmente a criança. Há sempre um resto, algo que não é possível de ser representado.

Kupfer (2001) diz que na psicose está em jogo uma palavra absoluta, uma palavra que oferece à criança um sentido único, que rouba da linguagem a sua flexibilidade, sua equivocidade, suas múltiplas possibilidades. Assim aconteceu nesse caso: a criança ficou prisioneira de uma única significação, na qual só se fazia representar por um Outro onipotente e avassalador.

Pensávamos, então, que a oferta de uma outra instituição poderia proporcionar novos ganhos ao tratamento de Thomas. A inclusão dessa criança numa creche poderia ser uma nova possibilidade discursiva, passível de configurar uma interdição ao grande Outro. Segundo Kupfer (2001), quando se formula a hipótese de haver falhas no campo do Simbólico, é preciso a reordenação da relação da criança com o Outro para barrá-lo, ainda que de modo "ortopédico".

Tínhamos a suposição de que Thomas seria beneficiado numa creche graças à maior familiaridade com atendimento a crianças muito pequenas, que precisam de adultos para inseri-las na linguagem e na cultura. Na creche, as crianças têm uma rotina (horário de entrada, horário de saída, refeições, higiene, horário do sono, atividades lúdicas e educativas) que é um importante representante das regras sociais e do discurso social destinado à infância. Como afirma Carvalho (2001): *"A creche é representante do campo do Outro, universo simbólico de linguagem e da cultura, elemento fundamental para o advento da constituição subjetiva".*

Parecia-nos muito importante que ele estivesse com educadores que pudessem exercer a função do Outro, dando continuidade ao investimento que possibilita a constituição psíquica e não somente se debruçando nos cuidados sobre o corpo.

Pensávamos que Thomas precisava encontrar-se com adultos que o tomassem como criança e que investissem nele como sujeito. Kupfer (2001) diz que na análise da criança psicótica, pelo lugar que o analista é chamado na transferência, ela fica como objeto. A direção da análise visa restituir a criança na posição de sujeito. Considerávamos que o trabalho do educador poderia trazer benefícios para a criança se também incidisse assim.

A entrada de Thomas na creche: o início do acompanhamento pelo Grupo Ponte

Há cerca de dois anos, Thomas vem freqüentando uma creche municipal em seu bairro, na periferia da cidade de São Paulo. O acompanhamento dessa inclusão, no entanto, começara três meses antes, quando houve uma discussão com a equipe responsável pelo tratamento, a fim de retomar o percurso clínico de Thomas na instituição e pensar o que se esperava de uma inclusão para essa criança naquele momento.

Ainda antes da entrada de Thomas na creche, conversamos com os pais para ouvir o que tinham a dizer a respeito da entrada de seu filho numa instituição educacional desse tipo. Pensamos ser importante escutar como os pais vêem a ida do filho à instituição escolar e dar o devido valor à sua escolha.

No início, os pais de Thomas estavam apreensivos quanto à ida dele a uma creche. Eles imaginavam que poderia ser bom, mas tinham medo que seu filho fosse maltratado. Fez parte do trabalho manejar esses receios e promover um deslocamento: que os pais deixassem de se prender em seus temores – o medo de que Thomas fosse maltratado na creche – e pudessem investir na inclusão. Trabalhamos no sentido de entender de onde vinham esses receios dos pais, na tentativa de desmontar suas crenças, para que eles pudessem, ao menos, sustentar a aposta, com a garantia de que estaríamos acompanhando todo o processo. Depois de nossa intervenção, os pais puderam atribuir um valor a essa instituição educacional e eles mesmos escolheram a creche em que Thomas iria ingressar.

Depois de garantir alguma aposta dos pais, fizemos a primeira visita. Tivemos uma conversa inicial com a diretora. A princípio, parecia haver uma abertura para receber uma criança com dificuldades. Havia um discurso no qual se dizia que, apesar de os profissionais da creche não terem recursos técnicos, nem conhecimentos específicos, haveria a disponibilidade para trabalhar com as diferenças que Thomas poderia apresentar em relação às outras crianças.

Discutimos novamente com a equipe do Grupo Ponte e recuperamos o que buscávamos com essa inclusão. Vimos que, aparentemente, a principal condição estava dada: naquela creche, parecia que Thomas teria um lugar onde poderia ser criança, brincar, ter a oferta da linguagem, de outro discurso que não o parental, e também teria a continência e os limites de que necessitava. Isso pôde ser percebido em conversas com algumas educadoras e pela observação de algumas atividades. Foi possível ver uma preocupação na transmissão de valores, no ensino do convívio social, e também no estabelecimento de atividades lúdicas e na construção de autonomia para as crianças. Assim, pensamos que valeria a pena sustentar a aposta nessa instituição; contudo, nossa atuação não acabaria aí.

Thomas começou a freqüentar a creche num módulo com crianças um pouco mais novas que ele (enquanto ele tinha três anos e oito meses, as outras crianças tinham três anos e meio de idade). Eram duas as educadoras responsáveis pelo módulo. Uma trabalhava pela manhã e outra na parte da tarde. O trabalho seguinte foi voltar à creche, um tempo após o início de Thomas, para conversar com as educadoras e escutar o que tinham a dizer sobre os primeiros dias dele na instituição.

Na primeira conversa, as educadoras demandaram que fossem feitas visitas semanais e assim foi combinado. O atendimento a esse pedido aconteceu porque também avaliamos que a freqüência semanal seria importante. Era uma instituição em que os profissionais tinham um único espaço de fala, mensal, no qual não era possível discutir sobre o seu próprio trabalho com o tempo, a atenção e a escuta necessários. Além disso, instituir uma reunião semanal seria muito importante para que elas trocassem entre si informações sobre o que se passava de manhã e à tarde.

Ao fazer essas visitas, tínhamos o propósito de instituir um *espaço de fala e de escuta*. Isso porque acreditamos que, para receber uma criança com dificuldades, o professor precisa refletir sobre sua prática educacional, reconhecendo as dificuldades e construindo saídas para elas. Segundo, o que o Grupo Ponte propõe, *a priori*, o educador não precisa de conhecimentos técnicos (como a diretora estava supondo na primeira conversa e como vem se supondo no âmbito da educação). Pensamos também que o educador não precisa ter o conhecimento prévio a respeito do diagnóstico da criança. Dados como esse, bem como o histórico clínico, são importantes para a equipe responsável pelo tratamento e, no caso das crianças atendidas pelo Lugar de Vida, para o profissional do Grupo Ponte, pois ele precisa dessas informações para guiar suas intervenções na instituição educacional. Porém, como não permitem prever como a criança se comportará na instituição escolar, esses dados não necessariamente precisam ser transmitidos aos educadores.

Como acreditávamos (digo no plural, porque se tratava de uma direção de trabalho construída coletivamente no Grupo Ponte) que as educadoras precisavam de um trabalho de reflexão, seria fundamental que elas estabelecessem uma relação de confiança e de troca conosco, a fim de que se sentissem à vontade para expor suas questões e falar de suas angústias.

Nosso intuito, de acordo com a proposta do Grupo Ponte, seria realizar sobre o discurso dessas educadoras uma *escuta* que tem a ver com o que diz Bastos (2003): é uma escuta *não ingênua* que visa, pela via do discurso, formular hipóteses sobre a posição das educadoras em relação à criança. Isso seria importante para observarmos se o educador estaria tomando a inclusão da criança como um trabalho possível ou, por exemplo, como *estorvo*, o que poderia ser fruto de um *mecanismo de resistência* que precisaria ser trabalhado.

No trabalho com as educadoras de Thomas, houve um primeiro momento em que elas queriam que nós as ensinássemos a trabalhar com ele. Elas acreditavam que nós poderíamos lhes dizer como agir. Pareciam estar em uma *posição de impotência* em relação à criança e em uma *posição de não-saber* em relação ao profissional do Grupo Ponte. Falaram do receio de fazer algo que pudesse prejudicá-lo. Elas não se autorizavam a exercer a sua função. Era preciso que elas se *autorizassem* a ocupar o lugar que lhes cabia e passassem a ver o valor que poderia ter a sua atuação em relação à criança.

Nesse momento, houve uma intervenção de acordo com o que acreditamos ser o nosso trabalho: não vamos à instituição educacional para dizer à educadora como ela deve agir, com base no que sabemos da criança. Nós vamos pedir que o educador apenas faça o seu trabalho e nos ajude a ver os efeitos que tem uma nova oferta (a da instituição educacional) sobre a criança (Colli, 1997). Muitas vezes, isso precisa ser feito, porque há o risco de o educador ficar paralisado no encontro com a criança diferente e não conseguir realizar, com ela, a função que exerce em relação às outras crianças.

Nesse sentido, nosso trabalho seria possibilitar uma abertura para o encontro das educadoras com Thomas, para que elas pudessem construir sua própria forma de atuar com ele. Foi dito a elas que o fato de contar como Thomas era na instituição de tratamento talvez não adiantasse, uma vez que não seria possível saber como ele reagiria às novas ofertas da creche. Desta forma, combinamos que nas nossas conversas falaríamos sobre os efeitos de suas intervenções em Thomas (intervenções que teriam como ponto de partida o que elas mesmas observassem e percebessem nas situações vividas com ele).

Depois disso, nossas conversas passaram a servir para contar as dificuldades e para construir possibilidades de intervenção. As educadoras se sentiram à vontade para falar de suas dificuldades, como, por exemplo, a forma como Thomas se apresentou nos primeiros dias.

A posição da criança. A posição das educadoras

Segundo as educadoras, nos primeiros dias Thomas apresentou-se muito agitado: não queria permanecer na sala e, se tivessem deixado, ele ficaria correndo pela creche. Parecia haver uma impossibilidade de permanecer dentro da sala se a porta ficasse fechada. Outro comportamento notado pelas educadoras era o fato de Thomas empurrar "cadeirinhas" pelo refeitório. Esse era um comportamento que também aparecia no início de seu tratamento no Lugar de Vida.

Nas conversas com as educadoras, elas puderam se dar conta de que a *agitação motora* de Thomas aparecia em momentos de angústia, quando havia um confronto com o desconhecido.

A nossa hipótese era a de que ele reagiu à entrada na creche (um lugar estranho a ele) com o que podemos chamar de *delírio motor*, pela falta dos *recursos simbólicos* para elaborar a alternância. Essa falta de recursos tinha uma outra conseqüência sobre Thomas: a desorganização do *laço com o outro*, o que se manifestava com a emergência de comportamentos semelhantes aos de um *fechamento autístico*, como, por exemplo, as *estereotipias*[2]. Podemos dizer que, no caso de Thomas, o "empurrar cadeirinha" seria uma estereotipia, uma marca que o sustentava, mas que não lhe permitia ascender à linguagem.

Mais um exemplo dessa dificuldade em lidar com o desconhecido e com a separação do outro era o momento do sono. As educadoras contavam que ele não queria dormir, de maneira alguma. Queria ficar correndo pela sala e chegava a passar por cima das crianças que estavam deitadas. Elas diziam que, em alguns momentos, ele se sentava, mas só para fazer algo de que gostava muito: calçar o sapato de outra criança.

Também com as nossas conversas, elas puderam perceber que, muito provavelmente, não era por acaso que Thomas tinha dificuldade para dormir no horário proposto. A hora do sono era justamente no momento de troca de turno entre as educadoras. Quando dormiam, as crianças estavam com a educadora da manhã, e, quando acordavam, ela já havia ido embora e a da tarde havia chegado. Ele ainda não tinha condições de elaborar uma alternância tão abrupta. Elas contavam que ele se tranqüilizava e acabava dormindo depois de a educadora da tarde chegar.

Havia ainda outro indicador de que Thomas não tinha *recursos psíquicos* suficientemente estruturados para lidar com o desconhecido. As educadoras contavam que, quando não agüentava ficar fechado, ele batia contra a porta com as mãos e com a cabeça, com muita força. O fato de Thomas se bater com tanta força indicava não apenas a dificuldade em se separar, mas também a ausência de *recursos simbólicos* para dar sentido à superfície de seu corpo. Parecia haver certo prejuízo na constituição de sua *imagem corporal*. Com a imagem corporal mal constituída, pode haver um impedimento da orga-

---

[2] As estereotipias seriam um modo particular de relação de um sujeito com a linguagem. Segundo Kupfer (2001), esse modo é desencadeado quando a criança não pode responder no momento em que uma situação limite exige o acionamento do significante primordial (S1). Se ele está ausente, ou cristalizado, isso provoca um furo no campo das significações. A criança responde com os recursos que tem.

nização das funções corporais, como por exemplo: o registro da dor e do prazer e a possibilidade de conter o xixi e o cocô. No caso de Thomas essas funções estavam prejudicadas. Além de parecer que não sentia dor, ele ainda não controlava o xixi e o cocô (usava fraldas quando entrou na creche) e não suportava tomar banho no chuveiro (o contato de seu corpo com a água parecia um ato de tortura). Esse foi outro comportamento que trouxe inquietação para as educadoras. Thomas mostrou ter muito medo da água do chuveiro. E ele tinha de tomar banho com freqüência, porque as educadoras iniciaram um processo de retirada das fraldas e algumas vezes ele se sujava. O banho era bastante difícil, pois ele chorava, berrava e se debatia (parecia ficar em pânico, segundo as educadoras).

As educadoras fizeram outra rica observação a respeito do comportamento de Thomas: segundo elas, no início, parecia que ele não se afetava pelas palavras, pois não olhava. Elas diziam que, pelo modo como ficava, parecia que ele não estava ali, que estava "ausente" *(sic)*. Tinham essa impressão porque, quando o chamavam para uma atividade, ele não respondia. Permanecia circulando pela sala, próximo às paredes. Porém, perceberam que ele se afetava, e muito. Elas constataram que, embora não olhasse diretamente, não parasse de correr ou de manipular um brinquedo para prestar atenção, ele as ouvia. Também perceberam que ele gostava muito de música (cantada ou tocada) e que isso fazia a *agitação motora* cessar.

A maneira como elas descobriram isso merece consideração. Foi num dos dias em que Thomas não estava suportando ficar na sala. Ele estava bastante agitado, correndo, querendo sair, chorando, e estavam fracassando as tentativas de uma das educadoras de conversar com ele. Ela tomou seu choro como um ato com significação e ficou procurando qual era. De repente, percebeu que ele se acalmou. Parecia que tinha sido "do nada" *(sic)*. Dali a pouco, Thomas começou a chorar de novo. Qual não foi a sua surpresa, quando se deu conta de que o que o acalmara fora o som da música do caminhão do gás que passara na rua! Quando o caminhão se afastou, Thomas voltou a se desorganizar. Pois bem, ela não teve dúvidas: imediatamente, passou a cantarolar a "musiquinha" do gás e Thomas se acalmou novamente, até que pôde se aproximar dela e ouvir o que tinha pra dizer. A educadora conta que se sentiu "uma tonta". Contudo, é um bom exemplo de um *olhar atento* (por parte de um educador) às contingências que permitem compreender o efeito de um estímulo ou de uma intervenção sobre o comportamento de uma criança.

A partir da descoberta, as educadoras aproveitaram esse interesse de Thomas e passaram a usar a música em vários momentos do dia, como oferta de linguagem que permitia que ele elaborasse as alternâncias implicadas na rotina da creche (por exemplo: uma música para a hora do café, outra para o almoço, outra para ir embora, etc.).

Esse é um recorte dos dados que as educadoras traziam para as nossas conversas. Do nosso ponto de vista (Grupo Ponte), o comportamento de Thomas indicava ser necessário que as educadoras investissem em construir com ele recursos simbólicos, ou seja, dar continuidade à sua constituição como sujeito (agenciando as operações de alienação e separação, o que só poderia ser feito se elas pudessem exercer a função de Outro).

Para tanto, precisávamos continuar o acompanhamento e ajudálas a se manter nessa função, dando-se conta de que Thomas precisava de palavras, não no sentido apenas da nomeação dos acontecimentos e dos objetos, mas no sentido de instaurar o mecanismo próprio do *registro simbólico*. Por meio de nossa ação, elas passaram a valorizar o trabalho que faziam com ele como, por exemplo: aos poucos, foram flexibilizando os ideais de resposta que esperavam e puderam dar grande valor aos pequenos sinais de que ele era permeável às palavras. Elas puderam passar a ver em Thomas uma criança que podia conquistar muitas coisas, embora não da forma como estavam acostumadas a ver.

No entanto, vimos que havia algumas questões que estavam colocando em risco a atuação das educadoras com Thomas. Em alguns pontos, ele despertava dó nas educadoras e isso poderia ser perigoso, caso ele ficasse tomado unicamente nesse lugar. Isso tinha a ver com o fato de que, no início, as educadoras pensaram na possibilidade de ele não conseguir ficar na sala de aula por causa de algo que teria se passado em casa. Elas chegaram a dizer que talvez a mãe o deixasse trancado no quarto. Pensaram também que Thomas seria assim por ter passado por alguma *situação traumática* que deixar seqüelas.

Num primeiro momento, isso até poderia ser interessante (supor que ele havia sofrido trauma), porque o colocava no lugar de uma criança que, se recebesse cuidados, poderia mudar. No entanto, era preciso que as educadoras não ficassem presas nesse pensamento (na *lógica do trauma*), pois dessa forma, ele se manteria na *posição da impossibilidade*, de quem não consegue, e no lugar de *objeto* do adulto que se sustenta no lugar da onipotência diante dele.

Pensando na função de Outro, era preciso que elas tivessem suas posições se alternando entre atribuir aos atos de Thomas uma significação e, ao mesmo tempo, deixar que essas significações circulassem, para ele advir como sujeito. Por isso, não poderia haver uma cristalização da crença de que ele se comportava daquele jeito porque fora vitimizado.

Era preciso instalar um funcionamento mais próximo do *registro simbólico*, em que o deslizamento significante permitiria que Thomas não ficasse aprisionado no lugar de vítima e de objeto em relação ao outro. E, nesse processo, era nosso trabalho tomar todo o cuidado para não estancar as questões que as educadoras colocavam.

Então, para desconstruir essa lógica, quando elas perguntavam, por exemplo, se ele havia passado por algum trauma, se tinha ficado preso num lugar fechado, apesar de eu ter dados suficientes para afirmar que não, a minha intervenção teve outra dimensão. Não bastava apenas responder a essas questões e não era para isso que estávamos ali. Fizemos com que as educadoras falassem sobre as hipóteses que formularam e se dessem conta de que o que pensavam dizia respeito a seu próprio imaginário e, de que os comportamentos de Thomas não tinham necessariamente a ver com o que elas supunham (a presença desse *não saber* era importante, pois era preciso que as significações formuladas pelas educadoras não fossem rígidas a ponto de não poderem ser reformuladas).

O modo como fizemos isso tem a ver com mecanismo da *confrontação* (Bastos, 2003). Escutamos os educadores e propiciamos que eles escutem suas próprias falas e possam se dar conta de coisas das quais não tinham se dado antes.

Com nossas intervenções, as educadoras deixaram de supor que o comportamento de Thomas tinha a ver com traumas. Elas passaram a suportar o fato de que não seria possível relacionar diretamente os acontecimentos na vida dele com o seu comportamento (como uma relação de causa e conseqüência). Começaram a pensar que suas dificuldades tinham a ver com a impossibilidade de lidar com o desconhecido. Esse foi o deslocamento que deu título ao artigo: "Dos traumas ao mundo misterioso de Thomas". Elas passaram a ver nele uma criança que precisava que os acontecimentos lhe fossem falados. Assim, escolheram a intervenção na via das palavras para mostrar que compreendiam seus medos.

Com as intervenções do Grupo Ponte, as educadoras puderam alternar-se entre a posição de Outro (que supõe sujeito, que sabe sobre a criança) e a de quem não tem como saber tudo sobre ela (Outro barrado). As educadoras supunham, mas tinham dúvidas.

Observamos que suas atuações continham, ainda, outras *condições* que acreditávamos serem necessárias para fazer um bom trabalho educativo: elas descobriam do que Thomas gostava, o que era preciso fazer para que se acalmasse, para que prestasse atenção nelas e "participasse" das atividades com as outras crianças.

As educadoras tinham a possibilidade de sair do que haviam planejado. Isso era necessário, quando Thomas provocava alguma situação que impedia o cumprimento da rotina. Por exemplo, no começo, como ele demorava a dormir, demorava a acordar e, muitas vezes, acabava perdendo o horário do lanche da tarde. Em alguns dias, a educadora da tarde conseguia guardar o seu lanche e lhe dar depois. Mas isso não era possível sempre, pois, às vezes, ele dormia até a hora do jantar.

Não queremos dizer que as educadoras deveriam fazer tudo em função das necessidades de Thomas. Era preciso achar um limite sutil entre: flexibilizar o que fosse possível e convocá-lo a responder às demandas do discurso da instituição, como as outras crianças.

Ao final do trabalho, pudemos ver como suas intervenções foram benéficas para Thomas.

Thomas, uma outra criança...

As próprias educadoras puderam ver mudanças extremamente significativas em Thomas ao final de seu trabalho. Elas perceberam que ele passou a ficar cada vez "mais presente" *(sic)* na sala e passou a dar sinais cada vez mais claros de que era afetado pela palavra do outro. Suas estereotipias deram lugar à fala. A intervenção das educadoras no sentido de exercer a função de Outro (por exemplo, tomando o ato de Thomas como fala) pôde promover deslocamento.

Segundo relataram, Thomas passou suportar os momentos em que é convocado a se separar do outro. Assim, depois de muitos meses de trabalho, a hora do sono passou a ser mais tranqüila para ele. O garoto parece ter construído *recursos simbólicos* o suficiente para poder, por exemplo, se preservar na ausência do outro. Ele não precisa mais esperar a troca de educadoras para dormir.

Outra mudança: a imagem corporal pôde ter mais contorno. Thomas já adquiriu bordas que antes não havia. O xixi não vaza mais; ele antecipa quando quer ir ao banheiro e passou a pedir: *"xixi!"*.

O registro da dor foi instaurado. Ante um impasse, Thomas não bate mais a cabeça na parede, não se dá mais socos na cabeça, como costumava fazer. Hoje, ele ameaça bater, mas olha para a educadora e fala *"Ai! Ai!"*, fazendo expressão de dor. Isso é o efeito do modo como as educadoras atuavam quando ele se batia. Elas é que diziam: *"Dói! Ai, ai!"* e faziam expressão de dor, passando a mão na cabeça dele. Thomas passou a reagir como as outras crianças: hoje ele chora, bate o pé no chão, pede colo... e consegue pronunciar palavras que ajudam a dizer o que o aflige.

Podemos dizer que a relação de Thomas com a linguagem mudou substancialmente, o que, do ponto de vista do Grupo Ponte e do Lugar de Vida é um ganho muito precioso, em termos da constituição subjetiva.

Considerações...

Sendo assim, após a análise de todo esse percurso, podemos, sim, considerar que uma instituição do tipo creche pode ser uma parceira valiosa no resgate da subjetivação de uma criança com falhas na estruturação subjetiva. Além disso, é possível ampliarmos a reflexão a respeito, revendo a concepção do trabalho educacional realizado em creches.

Em seu livro sobre a função do analista no tratamento institucional de crianças com falhas na estruturação subjetiva, Petri (2003) nos apresenta duas coisas importantes: o trabalho de resgate da constituição subjetiva que esse tratamento põe em andamento é do campo da *primeira educação*[3]. Essa autora afirma que os momentos lógicos da alienação e da separação se desenrolam nessa primeira educação, que possibilita a inscrição no campo do Outro. Além disso, ela diz que a primeira educação é agenciada por aqueles que sustentam as funções materna e paterna, que normalmente são os pais da criança, mas pode ser uma função exercida pelo profissional que se ocupa do tratamento e exerce a função de Outro. Ela introduz uma nova nomeação para essa função: o *agente de linguagem*.

[3] O que chamamos aqui de educação não é a mesma coisa que pedagogia. Educar é transmitir marcas simbólicas, é inventar metáforas que possibilitem ao sujeito usufruir um lugar no discurso. Trata-se de uma educação que reconheça e se aproprie da sua condição de contribuir para a constituição e o aparecimento do sujeito, tanto do lado da criança quanto do lado do educador (Petri, 2003).

A questão que se coloca aqui é: poderíamos pensar que, quando o educador da creche ocupa esse lugar ante a criança, ele também seria um agente de linguagem? Se sim, poderíamos, então, repensar o termo *auxiliar do desenvolvimento infantil* – próprio do sistema institucional das creches – a partir do que vimos sobre a função que ele pode exercer na constituição psíquica de uma criança e propor nomeá-lo como *agente de linguagem na constituição de sujeitos*? E ainda uma terceira questão: a primeira educação poderia ser efetivada na inclusão em creche?

Podemos dizer que esse lugar que o educador da creche pode ocupar em relação à criança em situação de inclusão – criança que teve problemas na sua estruturação psíquica – pode ser semelhante ao que Mariotto (2004) apresenta a respeito do lugar do *ato educativo* em relação a um bebê. Ela diz que se trataria de um processo de humanização, que permite o ingresso da criança na cultura, tomando lugar em relação à Lei, aos códigos do discurso que a organizam. Segundo a autora, humanizar é marcar o sujeito com o significante, é uma operação que abre espaço para a desbiologização do corpo e seu amarramento à pulsão[4].

Educar o bebê, diz Mariotto (2004), é estabelecer uma renúncia ao real do corpo, é constituir uma perda, mas não perder a crença imaginária de um corpo fálico. Segundo a autora, por tudo isso, a creche tem uma vocação educativa, mais que pedagógica.

Portanto, temos condições de afirmar coisas importantes: o educador de creche pode exercer a função de *agente de linguagem* da qual Petri (2003) fala em seu livro; e o trabalho da creche pode ser situado no âmbito da educação, melhor ainda, da *primeira educação*, da qual fala a psicanálise.

[4] Pulsão no sentido do mecanismo que marca o organismo pela linguagem, que constitui o corpo, como enlaçado pelo significante e pelo que represente para o Outro. Kupfer (2001) diz que o corpo jamais sairá de sua condição de organismo biológico se não houver um outro ser que pilote em direção ao mundo humano, que lhe dirija os atos para além dos reflexos e que lhes dê sentido. Ela fala que de nada adiantaria um organismo absolutamente são se não houver quem o introduza no mundo do humano, que seria o mundo da linguagem.

Na creche de Thomas isso aconteceu porque algumas das condições já existiam. As educadoras tinham o desejo de fazer algo por ele. Com algumas intervenções, elas puderam passar a oferecer o que ele precisava: *continência*, o que incluía acolhimento e limites, linguagem, cultura, alienação e separação. A alternância presença/ausência implicada na rotina da creche e a mediação da linguagem sustentada pelas educadoras propiciaram que Thomas não tivesse mais a alternância como algo da ordem do impossível de se elaborar. Isso aconteceu porque as atuações não se restringiram aos cuidados físicos, e também porque as educadoras passaram a suportar que não seria possível antecipar o efeito de sua atuação sobre ele.

Elas ofereceram a Thomas a possibilidade de ser inserido no *laço social*. Transmitiram a ele um saber sobre si e sobre o mundo. É possível constatar isso, na medida em que o discurso o afetou e fez marcas.

Portanto, não há dúvidas de que as educadoras de Thomas exerceram uma função fundamental no seu processo de inclusão na creche e tiveram contribuições importantíssimas para a sua estruturação subjetiva. Elas exerceram, sim, a função de Outro – agora podemos dizer: de *agente de linguagem na constituição de um sujeito*.

Porém a função de Outro agenciada pelo educador não necessariamente está dada. Muitas vezes, a parceria e a função do educador precisam ser construídas. Para a Pré-escola Terapêutica Lugar de Vida, esse trabalho de *construção* é importante, não apenas pelos ganhos que pode trazer para a estruturação psíquica da criança em tratamento, mas pelo enriquecimento que pode acontecer no trabalho da instituição educacional e do próprio Lugar de Vida.

Houve obstáculos na inclusão de Thomas, mas eles puderam ser superados, na medida em que o acompanhamento e as intervenções do Grupo Ponte (como um *agente de inclusão*, cuja atuação era atravessada pela psicanálise) tiveram efeitos importantes de deslocamento na posição das educadoras em relação à criança. Podemos dizer que houve efeito de *ato clínico*, pois, a cada conversa, podíamos pensar *no depois* sobre as contingências que propiciavam mudanças tanto na prática educacional das educadoras, como no modo de Thomas se relacionar com o outro.

Para a creche que recebeu Thomas, a parceria com o Grupo Ponte provocou, nas educadoras, uma reflexão sobre suas próprias práticas educativas. Elas passaram a ter gosto pelo desafio implicado no trabalho com a criança diferente. O trabalho de "detetive" *(sic)* realizado com Thomas, segundo elas, permanecerá presente em sua atuação com as outras crianças.

Uma delas chegou a dizer que estava pronta para começar tudo de novo e aguardava que lhe mandássemos outra criança. Disse algo muito importante: cada criança que receber será uma *nova criança.* Isso não significa que poderá usar com ela o que aprendeu no trabalho com Thomas. Porém, sabe que seu trabalho será olhá-la e descobrir quais os meios de se aproximar e de lhe proporcionar crescimento, de acordo com as suas próprias necessidades.

As educadoras perceberam a importância de se realizar a inclusão com crianças pequenas. Esse é um caso, em particular, que permite pensar não só na importância da inclusão para a criança com pouca idade e da inclusão em creche, mas também na importante questão da *intervenção precoce* em relação aos problemas de estruturação psíquica na infância.

Assim, as próprias educadoras dizem ter tido muitos ganhos. E, se depender delas, os outros profissionais da creche serão instigados a receber crianças como Thomas, pois elas acreditam que isso lhes trará benefícios, mais do que dores de cabeça, como imaginavam.

Entretanto, até o momento foram poucas as educadoras da creche que puderam sustentar um trabalho de inclusão *de fato* com essa criança. O Grupo Ponte buscou que toda a instituição pudesse apostar, acolher e contribuir para a inserção de Thomas no discurso social, porém isso não foi possível. Notamos esse fato no momento em que ele mudou de módulo. Houve educadoras que deram continuidade ao trabalho com ele, mas houve também as que o mantiveram no lugar de estorvo e que foram resistentes a se aproximar. Em alguns dias, foi necessário que ele voltasse para casa e houve dias em que teve que ficar em outro módulo porque algumas das educadoras não tiveram condições de ficar com ele. O nosso trabalho não as alcançou.

Isso nos levou a reconhecer os limites que se impõem ao Grupo Ponte algumas vezes. Porém, no início do segundo ano de Thomas na creche, foi possível construirmos uma nova parceria com suas educadoras.

O grande desafio no trabalho com a inclusão é aprender a lidar melhor com as próprias frustrações e a respeitar que, não necessariamente, o outro tem que corresponder às nossas expectativas. Pode parecer ruim, mas é um grande alívio quando nos permitimos ser um pouco menos exigentes conosco mesmos, por também não precisarmos corresponder a certas expectativas.

Referências bibliográficas

Baptista, V. F. (2004). Amar, cuidar, subjetivar: implicações educacionais na primeira infância. *Estilos da Clínica: Revista sobre a Infância com Problemas*, 15 (VIII), 58-71.

Bastos, M. B. (2003). *Inclusão escolar: um trabalho com professores a partir de operadores da psicanálise.* Dissertação de Mestrado em Psicologia Escolar e Desenvolvimento Humano, Instituto de Psicologia da Universidade de São Paulo, São Paulo, SP.

Carvalho, M. T. V. de C. (2001). *Creche: um elemento a mais na constituição do sujeito.* Dissertação de Mestrado em psicologia, Instituto de Psicologia da Universidade de São Paulo, São Paulo, SP.

Colli, F. *et al.* (1997). Começando uma travessia pelo Ponte. *Estilos da Clínica: Revista sobre a Infância com Problemas*, 2 (II), 139-144.

Jerusalinsky, A. (1993). Psicose e autismo na infância: uma questão de linguagem. *Psicose. Boletim da Associação Psicanalítica de Porto Alegre.* Porto Alegre, APPOA. 4(9): 62-73.

Kupfer, M. C. M. (2001). *Educação para o futuro: psicanálise e educação.* São Paulo, SP: Escuta.

Lacan, J. (1964). *O seminário, livro 11: os quatro conceitos fundamentais da psicanálise.* Rio de Janeiro, RJ: Jorge Zahar, 1998.

Mariotto, R. M. M. (2004). Atender, cuidar e prevenir: a creche, a educação e a psicanálise. *Estilos da Clínica: Revista sobre a Infância com Problemas*, 15 (VIII), 34-47.

Petri, R. (2003). *Psicanálise e educação no tratamento da psicose infantil: quatro experiências institucionais.* São Paulo, SP: Annablume: FAPESP.

Clara nos labirintos da creche

Maria Eugênia Capraro de Toledo

O encontro

Clara chega no colo da mãe, portando um sorriso que só a ela oferece. Gira a cabeça entrelaçando-se ao corpo dessa mãe, que a ampara sem queixar-se. Os movimentos das duas são uníssonos, montando uma harmonia monocórdica.

Na sala de entrevista, a menina, que parece acompanhar as falas da mãe, se distrai por um momento olhando o teclado de um computador. Atenta, ofereço o instrumento para ver o quanto ela podia *desejar* caminhar até ele. Ela pôde.

Num tempo fora do colo, fora da *cola*, desliza, no deslize do olhar materno, seus pequenos dedos sobre as teclas. Sorri e vira a cabeça para cima, num *contentamento*. Está em pé sem precisar segurar-se em nada.

O olhar distraído da mãe recompõe-se: "Ela não pode ficar em pé!!". Clara cai.

A alienação

Usando uma metáfora para continuar este texto, descrevo uma gravura concebida por N. Andry em 1740 e que se encontra reproduzida em uma das obras de Michel Foucault. Nela, seu autor retrata uma árvore cujo caule apresenta certo desvio em relação a uma estaca que o apóia. A estaca se mantém num ângulo de 90° em relação ao solo. Uma corda enlaça as duas peças, não tão forte que faça a árvore quebrar-se, nem tão frouxa que não a faça coincidir com a estaca em certo ponto, a partir do qual cresce livremente, com galhos fartos de folhas. Assim, tento ilustrar aquilo que Lacan formula como as duas operações lógicas da causação subjetiva: a alienação e a separação.

A estaca, funcionando como o Outro[1], o tesouro dos significantes, o agente da linguagem, que nessa imagem, dirige a árvore, assim como o adulto a um *infans*, através de seu desejo.

Petri (2000) enuncia a alienação como uma escolha forçosa do sujeito em se fazer representar nos significantes do Outro, o que o torna alienado em relação ao seu ser. O sujeito, identificado com um significante, é falado pelo Outro que o precede.

Ainda apoiada na metáfora da árvore de Andry, posso pensar na criança que nasce entrelaçada no desejo de um adulto e mantém com ele a única via possível de relação: a educação. É esse adulto que fará a imersão da criança na linguagem que traça as insígnias da humanidade.

Da operação de alienação deve sobrar um resto, uma falta inscrita no Outro. Isso é possível, quando o discurso do Outro deixa brechas para que a criança possa desejar. Feito a estaca que se apresenta limitada, finita, barrada para que a árvore continue seu crescimento.

Petri (2000) nomeia esta inscrição da criança no campo do Outro como primeira educação, geralmente pilotada por aqueles que se ocupam de funções materna e paterna.

Caso esta primeira educação tenha sido bem sucedida, a criança poderá acessar a segunda educação que prevê um enlace ampliado à Cultura.

[1] "Termo utilizado por J. Lacan para designar um lugar simbólico o significante, a lei, a linguagem, o inconsciente que determina o sujeito, ora de maneira externa a ele, ora de maneira intra-subjetiva em sua relação com o desejo". Ver: Roudinesco, E. e Plon, M., *Dicionário de Psicanálise*. Rio de Janeiro: Jorge Zahar Ed., 1998.

Nos labirintos da creche

Clara é uma menina de seis anos, que faz parte da montagem institucional da Pré Escola Terapêutica Lugar de Vida. Na cena que inaugura este texto, Clara se apresenta como aquela que não fala, que não anda sozinha e que usa fraldas. Parece fazer parte do corpo de sua mãe. Funciona como um objeto que obtura a falta do Outro. Clara não deseja. Assim foi nosso primeiro contato.

Acostumada a participar de processos de inclusão em que as crianças parecem mais aparelhadas para desfrutar do convívio escolar, pensava nas singularidades dessa criança. A inclusão escolar de Clara faz parte de um dos eixos de seu tratamento. Junto com a terapeuta referência do caso, pensávamos que Clara poderia ser incluída em uma creche, onde ficaria durante todo o dia, já que sua mãe trabalha fora e não tem com quem deixá-la.

Considerei a questão das singularidades de Clara dificultar a inclusão em uma Escola Municipal de Educação Infantil; além disso, preocupava-me com o fato de ela partilhar um espaço institucional com crianças mais novas, cronologicamente. Mesmo com essas primeiras inquietações, acreditava que a creche funcionaria como um lugar instituinte da infância, que representaria a Cultura, que poderia banhar Clara na linguagem, que apostaria que ali havia um sujeito e inauguraria uma descontinuidade diante do maciço materno.

Além disso, o brincar poderia funcionar como o estabelecimento de um enlace com outras crianças. Estar no coletivo poderia também inaugurar um ritmo e uma alternância naquilo que representava um contínuo; poderia ordenar as pulsões do corpo/órgão de Clara, socializando o que se repetia como uma única marca: cocô só cocô; xixi só xixi, como significantes petrificados.

A aposta era no estabelecimento de uma alienação no desejo do Outro, fosse pela via das educadoras ou pelas de outras crianças. A instituição poderia vir a funcionar como um terceiro na separação entre Clara e sua mãe.

Estar na creche seria uma separação entre o espaço público por ela representado e o privado representado pela mãe e, assim, a normatização institucional providenciaria uma descontinuidade, produzindo uma *falta*.

A creche, funcionando como uma instância educativa, e não pedagógica, seria uma segunda chance para a retomada da primeira educação de Clara. Não poderia afirmar que as Auxiliares de Desenvolvimento Infantil[2] funcionariam todo o tempo como um Outro primordial, aquele que pode ser reconhecido como singular na relação com o sujeito, mas apostava na eventualidade de que algumas marcas fizessem Clara ensaiar algum deslizamento pela cadeia significante. O pequeno giz de cera, que outrora seria mastigado, agora poderá insinuar um traço em um pedaço de papel.

A aprendizagem de Clara na instituição não estaria ligada somente ao campo da satisfação de uma necessidade, mas à relação, ao vínculo com um Outro. O estabelecimento de uma circulação social funcionaria como disparador de certa organização subjetiva.

Conseguimos uma vaga na creche depois de alguns meses de procura. Era uma construção que ocupava um terreno de relevo irregular, na região central de São Paulo, transformando a distribuição das salas em espaços ao nível da calçada, mais altos que ela ou subterrâneos. Era a creche mais próxima da casa de Clara.

Nas entrevistas com a equipe administrativa, as palavras desencorajavam-nos: *"Esta criança será um peso! Não podemos carregá-la... O que será das outras crianças?!"* queixava-se a diretora. A proposta de inclusão assustou a equipe da creche como um todo desde o primeiro encontro. O medo diante da diferença que aquela criança representava levantava algumas questões institucionais que iam além de um processo de inclusão.

Incluir Clara significaria ter que restabelecer alguns contratos de atendimento e convivência. A própria arquitetura do local, que

---

[2] Termo utilizado para designar as profissionais que trabalham nas creches municipais ou conveniadas com a Prefeitura do Município de São Paulo.

antes passava despercebida, agora saltava aos olhos como uma inadequação para qualquer outra criança. Como Clara não caminhava sozinha, subir e descer escadas durante todo o dia para alternar as atividades significaria um esforço enorme para as educadoras. Até então, crianças muito pequenas perambulavam por degraus estreitos e escuros sem causar estranhamento...

Foi no 2° encontro, desta vez com a equipe de ADIs[3], que as coisas começaram a mudar: elas não fizeram nenhuma pergunta específica a respeito do diagnóstico clínico da menina. Descrevi Clara como uma criança pequena para sua idade, que falava pouco, que usava fraldas e que tinha necessidade de apoio para caminhar. Disse que estaria sempre em contato com elas para que pudéssemos conversar sobre os avanços de Clara.

Considerando um *combinado de cenas*, as intervenções clínicas naquele momento incidiam justamente sobre o deslocamento de Clara pelo espaço terapêutico, mesmo que pelas bordas e com apoio. Apostava-se também no uso das palavras para que Clara designasse aquilo que queria.

Na creche, onde as dificuldades de deslocamento eram dados de realidade para todas as crianças, o impedimento funcionava às avessas: ao invés de *proibir* a mobilidade de Clara, ele a produz! Aos poucos, ela arriscava passos pelas escadarias.

As ADIs não carregavam Clara no colo. Andar, balançar, fazer cocô, lavar as mãos, comer e dormir foram aos poucos deixando de pertencer exclusivamente ao mundo do orgânico e fazendo parte do social. Um organismo tenso, de movimentos estereotipados e sem enlace foi cedendo lugar ao *ensaio* de um corpo erógeno que reage ao toque e, por alguns momentos, se deixa ver pelo outro.

Se o corpo de Clara formava um sólido sem representação, um puro órgão, as ADIs se faziam eventualmente, o Outro, um tesouro dos significantes em que a menina poderia vir a criar uma prótese de sua imagem.

---

[3] Abreviação do termo Auxiliar de Desenvolvimento Infantil.

Em uma cena durante a primeira merenda do dia, Clara foi convidada a comer com as outras crianças. Sua mãe sempre a alimentava, assim que acordava, com uma farta mamadeira. Preferia ofertar alimentos líquidos à menina. Na creche, no entanto, Clara tomava o leite na caneca e sempre comia algo sólido.

A menina recebeu então, um pedaço de pão. Colocou esse alimento na boca e ficou com ele parado ali. Sem movimento; sem gosto nem graça. Sem engolir, mastigar ou cuspir. A educadora interferiu, pedindo que Clara cuspisse aquele pedaço de pão e pegasse um outro menor. Pôs um pedaço de pão na própria boca e disse a Clara como se fazia: *"Clara, mastigue assim!!!"* – num gestual caricato, Clara imitou-a e sorriu, como num gracejo. A boca de Clara deixou de ser *buraco cheio de pão parado e esvaziado de outros sentidos* e passou a ser *boca para brincar de mastigar*.

Existe um saber que vai *banhando* Clara na linguagem quando lhe é oferecido alimento; quando treina o uso do banheiro e dá *tchau* ao cocô ou xixi; quando seu corpo é tocado numa brincadeira espontânea que a faz reagir com alguns espasmos musculares que as educadoras nomeiam como cócegas. Então, o orgânico maciço dá lugar a um corpo esculpido pelo Outro. As ADIs não sabem tudo sobre Clara, por isso podem inventar, propor, perguntar.

A alternância presença/ausência ocupa o espaço cênico. Clara brinca no tanque de areia escondendo uma peça de jogo para logo após descobri-la. As educadoras dizem que ela "brinca de esconder". Um sutil esboço de jogo se apresenta algumas vezes quando Clara está no parque com outras crianças. Lá, seu balanceio entorpecido se transforma em dança e seus passos vacilantes são tomados como um caminhar. Essa composição produz um *novo* através do qual Clara pode escapar do colo/*cola* e buscar uma versão para seu próprio corpo.

A educadora fala com enorme contentamento sobre a experiência de deixar Clara sem sapatos. Diz: *"acho que ela nunca andou descalça! Ela gostou. Parecia feliz em sentir o chão, a areia... Acho que, descalça, ela anda melhor."*

Clara faz parte de um grupo de crianças que circulam diariamente por propostas educativas que mediam a relação delas com os adultos.

Em nossos encontros, fazemos as educadoras falarem. Falam de seu próprio saber e suas *apostas*, seja com Clara ou com as outras crianças.

Com o tempo, as educadoras puderam agenciar um novo discurso sobre Clara e dizer que às vezes é difícil, *fica pesado,* mas não todo o tempo. Interrogam a instituição sobre como dividir o trabalho entre elas ou melhorar as condições estruturais do espaço.

Deixam de lado o discurso de que teriam que *dar conta de tudo,* já que, isso sim, seria um peso e o anúncio de um fracasso. Passam, então, a responsabilizar-se por aquilo que *podem* fazer por Clara. Testemunham a experiência umas das outras e fazem um trabalho em equipe.

Clara tem na creche uma *nova chance* no sentido da retomada da estruturação subjetiva. Aquilo que a inclusão pode fazer por Clara passa muitas vezes pelas marcas feitas num corpo que funciona como um monólito, sem furos, sem desejo; um corpo que fica parado em uma única marca.

As educadoras da creche que deslizam com Clara pelos labirintos, por vezes escuros, sabem algo sobre o conceito de criança, mas suportam muitas vezes ignorar. Experimentar é o verbo que mais conjugam.

Saindo do lugar

Podemos tomar o conceito dicionarizado de labirinto e teremos descrição: um lugar *"composto de grande número de definições, corredores, galerias e de feitio tão complicado que só a muito custo se lhe acerta como saída".*

No início do processo de inclusão de Clara na creche, o impossível se inscrevia na trama escura e complicada da arquitetura do local.

Não menos estreita e complexa era a possibilidade de se apostar que algo poderia mover-se na subjetividade de Clara naquele lugar.

Foi preciso que as educadoras se despojassem de perguntar sobre o diagnóstico que aprisionava Clara num organismo sólido e imóvel e interrogassem o sujeito que ali habitava. Subverteram as certezas do desenvolvimento, supondo que responder às necessidades orgânicas não seria suficiente para fazer surgir um corpo afetado pelo discurso do Outro.

Clara responde justamente nas brechas deixadas entre o passo inicial e a chegada ao ponto antecipado pelo adulto.

Ao profissional do Grupo Ponte cabe a ética de escutar as educadoras e fazê-las confrontar-se com seu próprio dizer e, desta forma, inaugurar um novo sentido a cada passo de Clara nos labirintos da linguagem.

Referências bibliográficas

Bastos, M. B. (2003). *Inclusão Escolar: um trabalho com professores a partir de operadores da psicanálise.* Dissertação de mestrado, Instituto de Psicologia, Universidade de São Paulo, São Paulo, SP.

Colli, F. *et al.* (1997). Começando uma travessia pelo Ponte. *Estilos da clínica: Revista sobre a Infância com Problemas,* 2 (2), 139-143.

Ferreira, A. B. de H. (1986). *Novo Dicionário da Língua Portuguesa.* Rio de Janeiro, RJ: Editora Nova Fronteira.

Foucault, M. (1984). *Vigiar e punir: nascimento da prisão.* Petrópolis, RJ: Vozes.

Kupfer, M. C. M. (2000). *Educação para o futuro.* São Paulo, SP: Escuta.

Petri, R. (2000). *O lugar do profissional no tratamento institucional da criança psicótica: analista ou educador?* Dissertação de Mestrado, Instituto de Psicologia, Universidade de São Paulo, São Paulo, SP.

O *Saber* e o não *Saber* – do crer ao criar: Eis uma das questões na escolarização de crianças psicóticas – duas histórias de travessias pelo Ponte

Andréa Maia Assali
Valéria Amâncio

"(...) que é a ética do psicanalista.
Se o analista deve se interrogar
sobre o seu desejo,
ele deve evitar ocupar
"de verdade", como dizem as crianças,
o lugar que lhe assigna
o analisante na transferência:
ele não detém nem saber,
nem poder, ele é "suposto" saber (...)"
Anny Cordié (1996, p. 210)

Nossas práticas de acompanhamento da escolarização de crianças com psicose, autismo ou neuroses graves nos levam a refletir constantemente sobre as vicissitudes dessas travessias, da entrada aos caminhos que podem garantir a inclusão escolar desses sujeitos. Caminhos marcados pela ambivalência entre uma (dis)posição escolar integradora e uma inclusiva. (Dis)posições que viabilizam ou dificultam os processos de passagens desses alunos pela escola, incluindo aqui tudo o que a idéia de processo pode significar.

A partir dessas formulações podemos evidenciar como o conceito do saber, tal como propõe a psicanálise lacaniana, pode determinar a forma como uma escola vai lidar com as questões que essas crianças lhes propõem, o quanto isso poderá definir os rumos dessas inclusões e como os acompanhantes dessas travessias podem manejar isso. Pretendemos levantar com esse trabalho alguns pontos de reflexão sobre tais questões. Elegemos dois casos que acompanhamos para elucidar nossas articulações.

Do Crer – as certezas impondo dificuldades e desafios a um acompanhamento: caso Walter

Walter tem hoje nove anos e é aluno regularmente matriculado na primeira série do ensino fundamental, em uma escola da rede pública estadual, desde o início do ano letivo. Apesar de pouco, o tempo na escola já é o suficiente para evidenciar o quanto a entrada em uma instituição de ensino faz a diferença e marca um novo momento para esse sujeito, para a família em tratamento, para a escola em questão e para a instituição terapêutica.

Até entrar na Pré-escola Terapêutica Lugar de Vida e começar a fazer o tratamento, Walter ainda não havia freqüentado uma escola e, tampouco tinha tido acesso a conteúdos escolares por outras vias. Sua rotina perpassava por tratamentos clínicos e por momentos brincando com as crianças na rua. Ou seja, Walter já demonstrava possibilidades de enlaçamento social, na medida em que podia estar com outras crianças, participando, da maneira dele, das brincadeiras. Isso é ressaltado porque a maior parte dos pacientes que chegam à nossa instituição de tratamento mal consegue se separar de suas mães, mal pode ver o outro como alguém não ameaçador, quanto mais lidar com as questões que o social ordena.

Talvez possamos marcar muito mais que um diferencial no caso dessa criança: quem sabe falar de certa vantagem no início e no percurso de seu tratamento. Contudo, a escola, que é sabidamente um espaço extremamente importante para toda criança, faltava à sua rotina.

Depois de alguns anos em uma instituição de tratamento, veio a proposta do início de sua escolarização na rede especial. Pode-se pensar que nem a direção dessa terapêutica nem a sugestão escolar compartilhavam do referencial teórico da nossa instituição. Apesar disso, encaminharam Walter para o Lugar de Vida, com a idéia de iniciar um novo tratamento e a sua escolarização.

Nas primeiras entrevistas com os pais era possível notar, assim como evidenciar no discurso o desejo de que ele começasse a ir para a escola. E, com pouco tempo de tratamento em grupo, decidiram por sua matrícula na rede regular. O desejo da família, associado à iniciativa de busca e matrícula nos permitiu ressaltar aqui uma não-resistência à escolarização, fato também incomum nos casos atendidos pelo Lugar de Vida.

Em meados de fevereiro do ano seguinte, começava o processo de escolarização de Walter; a permanência na escola todo o tempo, logo no primeiro dia, surpreendeu a todos e apenas confirmou o quanto esse espaço era desejado por ele.

Desde a sua entrada, Walter tem passado todo o período na escola, e por ser uma criança que já havia conquistado algum espaço de circulação social com seus vizinhos, pôde beneficiar-se disso no momento de entrada em um novo grupo: agora, no lugar de aluno de uma escola e, ao contrário da maioria de seus colegas do Lugar de Vida, permanecendo em sala de aula. Diferente da idéia inicial – a de que esse aluno tumultuaria muito a rotina de trabalho – o professor transformou suas expectativas em relação a ele que pôde estar em sala, sem grandes tensões.

Walter não parece ser o tipo de criança que causa grande desconforto a uma escola. Consegue ficar a maior parte do tempo em sala e não gera confusão na hora do recreio. Apesar de ter dificuldades com as regras, não chega a gerar conflitos nem angústia nos professores e na direção.

"(...) Tudo o que sei ..."[1]

Supõe-se que as questões com a inclusão desse caso comecem aqui. Walter é uma criança que praticamente não fala. Usa de gestos e sons para chamar a atenção das pessoas pelas quais está interessado, conseguindo comunicar-se a seu modo. Apesar de não causar desconfortos para a escola, é uma criança que ainda apresenta questões com a aprendizagem. Diferente de seus colegas, não mantém seu material na carteira e, freqüentemente, guarda sem realizar boa parte das atividades que o professor oferece. Sabe-se que esse é apenas o início de sua escolarização e que, aos poucos, dará dicas das maneiras como pode acompanhar as propostas e daquilo que o interessa.

A forma como Walter, às vezes, aparece nos discursos das crianças e da escola marca o lugar que ele ocupa nessa instituição – o de um garoto engraçado, que não "traz problemas" e que parece um bebezinho. Nomeado e tratado assim, isso abre concessões e dá margem para que possa infringir algumas regras que são muito importantes no convívio escolar.

Pode-se notar ainda que quase não aparecem dúvidas a respeito da escolarização desse menino. Tampouco angústias ou mesmo demandas escolares sobre esse aluno são levantadas. A escola relata que antes da entrada de Walter já existiam inclusões[2] que datam de alguns anos, apesar de não terem tido uma criança com psicose até então.

A instituição coloca-se em um lugar de saber sobre o processo de inclusão de crianças, e em um lugar onde não existem questões a serem levantadas sobre esse caso. O fato de Walter ser uma criança que não gera grandes desconfortos para a escola pode ter ajudado para a ausência de perguntas ou incômodos acerca da sua entrada. A ausência, no entanto, de questões e mesmo de deman-

---

[1] "Tudo o que sei é que nada sei. (Sócrates).

[2] Expressão usada pela própria escola, que se considera há alguns anos uma escola inclusiva.

das vai além do seu processo de escolarização, pois desde o primeiro contato com a escola, chamou a atenção não haver perguntas sobre ele e sobre seu tratamento, ou seja, nada queriam saber sobre seu histórico.

Supunha-se que com o tempo a escola poderia começar a se perguntar sobre essa criança e sobre sua aprendizagem. Porém, passados meses da entrada de Walter, pouco se perguntavam. O que chama mais a atenção é que a escola, como instituição, não sabe dizer sobre seu aluno. A professora, por vezes, sim, mas a escola, não. Ao pensar a inclusão como um processo de construção da escola, não apenas de um professor, podemos supor que algo ainda não aconteceu. É importante ter o professor e a escola implicados com seu aluno. Nessa situação, ainda faltava a implicação da escola. O que foi tornando-se claro no discurso dessa instituição é que um saber sobre a inclusão – saber ilusório, completo, que não permite questionamentos – acabou cobrindo qualquer possibilidade de demanda ou mesmo de angústia sobre esse processo. Ou seja, um saber que entra como um mecanismo de tamponar qualquer possibilidade de falta, obturando qualquer demanda.

O saber, no caso dessa escola, aparece como aquele descrito pela cultura (como por exemplo, pela psicologia, pela medicina e pela pedagogia). É um saber que abafa qualquer possibilidade de dúvidas, de falta de respostas, de não saber. É um saber totalizador, universal. Como aponta Lacan no seminário *O avesso da psicanálise* (1969/70), não se trata aqui de um saber, mas de conhecimento. E é esse conhecimento que acaba fornecendo respostas, designando formas de crenças e impondo obstáculos a uma outra categoria de saber. Essa escola não percebe ainda seu equivocar-se: ter o papel de *transmitir* um saber não lhe outorga *ter* o saber, ainda mais quando se trata de uma criança diferente.

Uma maneira de essa escola se manter nesse lugar é querer saber o mínimo possível, ou não querer saber sobre as questões que essa criança lhe coloca. É ignorar.

"O que é a ignorância? É uma noção certamente dialética, porque é somente na perspectiva da verdade que ela se constitui como tal. Se o sujeito não se coloca em referência com a verdade, não há ignorância. Se o sujeito não começa a se colocar a questão de saber, o que é e o que não é, não há razão para que haja um verdadeiro e um falso, nem mesmo, para além, a realidade e a aparência" (Lacan, 1983, p. 193).

O ignorar dessa escola, conforme propõe Lacan, é o da ordem de um saber que não quer saber. Exerce uma função de mantê-la em um saber mínimo sobre esse aluno, agindo quase como um mecanismo de não querer aprofundar-se, como na inibição neurótica.

Na verdade, se é que podemos assim dizer, o que nos cabe agora, nesse trabalho de acompanhamento, é evidenciar qual é o desejo da escola: manter-se nessa posição de ignorar ou abrir-se à possibilidade de deslocamento, reconstruindo, talvez, outros saberes.

Do Criar – de Lugar de Vida à Porta do Sol – possibilidades de construção num acompanhamento: caso Heitor

Heitor, um garoto de 12 anos, é uma das crianças atendidas pela Pré-escola Terapêutica Lugar de Vida. Atualmente, freqüenta uma classe regular de primeira série do ensino fundamental, em uma escola com características de escola rural em um município próximo à capital paulista.

Passou por todo o processo da Educação Infantil, mas ao ingressar na primeira série do fundamental começaram os problemas. Sua história escolar foi, desde então, marcada pelo fantasma do fracasso. Não conseguiu terminar o primeiro ano e foi encaminhado para uma classe especial, de onde foi convidado a se retirar.

A justificativa era a de que se tratava de um garoto muito agitado e por demais agressivo, o que chegava a colocar em risco a integridade das outras crianças. Dado o agravamento de sua problemática psíquica e fechada a possibilidade de circulação escolar, Heitor perdia conseqüentemente a circulação social por outros espaços infantis, tais como a rua, a vizinhança. Podemos dizer que nesse momento ele esteve à beira do isolamento social, o que sem dúvida lhe causou grandes prejuízos.

Nesse contexto, chegou encaminhado ao Lugar de Vida pelo nosso Serviço de Psicologia Escolar da IPUSP. De fato, a mãe de Heitor pensava que seu caso passava por questões de aprendizagem e foi em busca desse tratamento que ela procurou o serviço.

Levantada uma hipótese diagnóstica pela equipe clínica, seu tratamento foi direcionado e surpreendentemente ele respondeu de maneira rápida. Em pouco tempo, passou de um primeiro grupo de atendimento ao Grupo (terapêutico) de Trabalho e Escola e daí veio o pedido da referência: disparar o processo de (re)inclusão escolar.

Em sua primeira entrevista com o profissional do Ponte, Heitor veio uniformizado. Uniforme surrado, presente dos primos, no qual se podia ler, mais que o nome apagado de uma escola, a própria evidência de um desejo de voltar a ela. Ele toma da mãe a palavra para falar disso.

Nesse primeiro momento em que, tendo funcionado todas as medidas sociais de suporte a essa família, foi dada a palavra à criança, em uma aproximação singular, sob a forma de um tratamento analítico. Acreditamos que essa escolha foi decisiva, pois assim esse sujeito pôde retomar sua construção subjetiva, sem o qual toda tentativa de reeducação o teria deixado com seu sofrimento, em seu estado de impotência ou indiferença das faculdades intelectuais.

O segundo momento foi o de entrada na escola. Essa, por sua vez não se constrangeu ao assumir que nunca havia trabalhado sob o viés inclusivo, que isso lhe causava certa angústia e que, portanto, poderia precisar de apoio. Mesmo assim, a direção oficializou a matrícula na primeira série, obedecendo aos rigores legais, sem deixar, no entanto, de apontar que no primeiro mês de aulas ele seria avaliado para que pudessem definir mais tranqüilamente suas possíveis condições de aprendizagem.

"(...) Que nada sei."[3]

O primeiro dia de aula já podia anunciar seu desejo de pertencer a esse espaço, pois sem dificuldade nenhuma permaneceu em classe, sem causar problemas, nem os relacionados à agitação e à agressividade que outrora foram responsáveis por sua exclusão do processo escolar. Além disso, a escola que, a princípio, propôs uma adaptação progressiva, retomou-se bancando a sua permanência integral .

Passado esse período, a direção, apoiada pela equipe docente, remeteu-se à equipe do Lugar de Vida para melhor definir sua posição quanto a esse aluno. Feito isso, Heitor foi reclassificado para uma sala de segunda série, considerando-se suas competências de leitor e escritor.

Foi o momento em que uma educadora não acreditou na sua debilidade e descobriu nele um menino inteligente. A equipe escolar também fez essa aposta, o que permitiu à criança escapar do rótulo de débil e não entrar em uma instituição marcada pelo selo dessa desvantagem.

É importante sublinhar que foi esse olhar positivo do educador, antecipador de um aprendiz ousado, olhar quase subversivo, que impediu uma decisão escolar com conseqüências pesadas, como o foram as decisões anteriores na história de Heitor. Também podemos notar que foi um olhar de não saber sobre esse menino, de poder suportar desconhecer como trabalhar com uma criança como ele e que, por isso, caracterizou-se como um olhar que se abriu às possibilidades de criação de saberes sobre essa criança. Libertador para essa escola e fundamental para esse aluno.

E como afirma Lacan,

> *"Desconhecimento não é ignorância. O desconhecimento representa certa organização de afirmações e de negações,*

---

[3] Idem à nota um.

> *a que o sujeito está ligado. Não se conceberia, pois, sem um conhecimento correlativo. Se o sujeito pode desconhecer alguma coisa, é preciso que saiba em torno de que operou essa função. É preciso que haja atrás de seu desconhecimento certo conhecimento do que há a desconhecer"* (Lacan, 1989, p. 194).

A partir daí, seu percurso escolar vem se escrevendo de modo promissor. Cada vez mais, fica evidente a conquista do lugar de aluno, talvez até mais, do lugar de aprendiz. Percurso, sim, marcado por algumas atribulações, mas a nenhuma delas foi atribuída a impossibilidade de resolução, de não criação de formas de superação. Ante os impasses colocados na educação de uma criança diferente, essa escola se abriu a questionamentos, a dúvidas, incertezas, antes mesmo de solicitar ajuda a equipe de apoio, oferecida pelo Grupo Ponte. Escola que também se destaca pela posição que insiste em ocupar em relação a essa criança diferente, lugar de não saber, antecipadamente, o que fazer com ele. Lugar de possibilitar a criação, a construção de um saber o que fazer com esse aluno.

Um dos impasses com o qual uma escola se defronta no caso da inclusão de uma criança como essa é a parada das operações intelectuais, provocadas pelos processos psicóticos, que poderia imobilizar toda possibilidade de aprendizagem escolar. Em Heitor, a inteligência e as possibilidades de integração do saber escolar parecem ficar apenas parcialmente perturbadas; talvez o serão com maior intensidade mais tarde. Uma observação superficial poderia fazer supor que esses bloqueios se parecem estranhamente à inibição neurótica. Por isso, pensamos que é essencial fazer o diagnóstico da estrutura psíquica para poder diferenciar o caso e melhor adaptar tanto a ação terapêutica como a reeducativa.

Heitor encontrou por ele mesmo a coisa que poderia ajudá-lo a se estabilizar; é o que Lacan chamou de uma *suplência*. Vale ressaltar que a escola abriu um espaço para que isso pudesse acontecer. Esse tipo de investimento, às vezes de criação original, permitiu ao sujeito recentrar-se em torno de um elemento condensador. Heitor descobriu, inicialmente, o interesse pelas ciências naturais e humanas. Foi nessa nova escola, alguns anos depois de ter sua escolarização interrompida, que ele pôde reencontrar a estima de uma professora que estava "estupefata" perante suas *performances*, e algum respeito por parte de seus novos colegas, que o apontavam como o melhor aluno da classe. Curioso mencionar, porque ele o faz em disciplinas que tocam na própria condição do sujeito, nas quais ele deveria ou poderia, teoricamente, encontrar dificuldades. Diferentemente da matemática e das demais ciências exatas, disciplinas desumanizadas, que costumam permitir ao psicótico brilhar, por não colocarem em questão sua posição subjetiva.

Saber ou não saber? – eis o problema, eis a questão?

Segundo Meira (2001), a educação inclusiva vive atualmente um processo diferenciado em cada país, de acordo com sua cultura, e tem em seu eixo de trabalho a integração de crianças portadoras de necessidades educativas especiais em escolas regulares, concomitantemente com um processo de estruturação das escolas inclusivas. Destaca-se o contexto social e as diferenças que existem em cada país, de acordo com as políticas de ensino e os seus pressupostos teóricos.

Nos casos relatados por nós, considerando parte da realidade escolar brasileira, o que está em jogo nesse processo é a entrada de crianças com psicose, autismo ou uma neurose grave em escolas regulares, o que muitas vezes balança os padrões estabelecidos, caminhando na contramão do que os professores imaginam que uma criança deva realizar. Nesse processo, a criança, a família, a escola, os professores e os demais alunos são fundamentais para possibilitar a entrada e permanência destas em sala de aula.

Quando uma criança torna-se um aluno, supõe-se que exista o desejo de estar na escola. É o que aparece tanto na história de Walter como na de Heitor. Querendo ou não, há uma separação, pois os pais ficam do lado de fora do muro e as exigências do social são mais evidentes. Pensando nessas, como crianças com uma "posição fragilizada em sua constituição psíquica" (Meira, 2001, p. 44), a entrada na escola muitas vezes pode gerar desconforto para a instituição e até inviabilizar a inclusão. *"Estas crianças, inúmeras vezes, não permanecem na rede escolar regular, por não encontrarem ali um lugar que leve em conta sua subjetividade para além de seu sintoma"* (Meira, 2001, p. 44). É nesse contexto que a posição da escola e do professor com relação a esses alunos pode fazer toda a diferença, garantindo um lugar para eles. Digamos que o tratamento proposto pelo Lugar de Vida, incluindo-se aqui o acompanhamento do Grupo Ponte, procura garantir que a exclusão não ocorra.

Muitas escolas perdem a possibilidade de supor um sujeito além do diagnóstico dessas crianças e, acabam encaminhando-as para salas especiais onde supostamente haveria um profissional especializado para atender às questões dessa clientela. Foi o que ocorreu inicialmente com Heitor, e que acabaria acontecendo também com Walter. Pensamos que enquanto as escolas se apegarem aos manuais pedagógicos e psicológicos visando alcançar a ilusão de uma educação homogênea, sem diferenças, o processo de inclusão pode ficar comprometido.

O saber para essas ciências tenta tamponar qualquer falta e garantir a ausência de angústias. Porém, essas crianças vão tornando evidente que um saber universal não garante a sua escolarização e pode inviabilizar o aprendizado. É exatamente aqui que nos encontramos no trabalho de acompanhamento de Walter. A grande questão é poder pensar além, e não se agarrar a pressupostos teóricos *a priori*. É o que já vem fazendo a escola de Heitor, mas o que ainda não pode fazer a de Walter. É essa mudança que possibilitaria à equipe escolar promover maneiras de tirá-lo da situação de não produzir, de não aprender. O que determinaria, ou não, os rumos de seu processo de inclusão escolar.

A psicanálise lacaniana nos ensina que o saber é sempre incompleto, muito diferente do que é para a pedagogia, a medicina e a psicologia. O conhecimento pode tentar causar o efeito de completude, mas também se descobre que é sempre parcial. A grande contribuição de Freud e de Lacan é poder caminhar pelo saber sem ter que dar conta de tudo, sem ter que ser completo. Acreditamos que esse é o grande desafio da escola, quiçá da Educação: poder não dar conta de tudo, poder ser incompleta.

Um professor e uma escola que podem sustentar um olhar singularizado, deixando de lado a idéia de salas homogêneas, supondo que as diferenças existam, perdendo o estatuto de que deva solucionar todos os problemas (o que é da ordem do impossível), poderá viver essa travessia com seus alunos de uma outra maneira.

> *"Se uma criança for vista pelo professor, primordialmente, como sendo alguém que é portadora de desejos, de uma história, os caminhos para a aprendizagem estarão incluindo o que é fundante no ser humano: a palavra"* (Meira, 2001 p. 49).

Nós, do Grupo Ponte, acreditamos que uma educação, para se tornar inclusiva, supõe, entre outros aspectos, um giro no discurso do professor. Só assim ele se reposiciona, assumindo um lugar que permite notar, na sua sala de aula, as singularidades. Desse modo, ele terá condições de acompanhar esses alunos na passagem do aprender. As travessias serão muitas e variadas, mas ele, numa posição de sustento, poderá amparar esses caminhos, reconhecendo, destacando e valorizando os estilos de aprender de cada um.

Referências bibliográficas

Cordié, Anny (1996) *Os atrasados não existem.* Porto Alegre: Artes Médicas.

Meira, A. M. G. (2001) Contribuições da psicanálise para a educação inclusiva. In *Escritos da criança, Centro Lydia Coriat.* (p. 44-49). Porto Alegre.

Lacan, J. (1969/70) *O seminário - livro 17, O avesso da psicanálise.* Rio de Janeiro, RJ: Jorge Zahar, 1992.

Lacan, J. (1953/54) *Seminário - Livro 1,* Os escritos técnicos de Freud. Rio de Janeiro, RJ: Jorge Zahar, 1993.

Uma escola no meio do caminho...

Monica de Barros Cunha Nezan

A partir do relato de um caso, atendido na Pré-escola Terapêutica Lugar de Vida, gostaria de abordar a educação terapêutica[1] como um modo de extensão da "cura" analítica e o acompanhamento da inclusão escolar que vem sendo feito deste caso.

Henrique deu início em 1995 ao seu tratamento na Pré-escola Terapêutica, que freqüentou por quatro anos e, após um período de participação no grupo terapêutico e da participação dos pais no grupo de escuta a eles destinado no âmbito da instituição, foi encaminhado ao processo de inclusão em uma escola regular. Hoje, é atendido individualmente, após o término do acompanhamento[2] nos gru-

---

[1] A Educação Terapêutica segundo Kupfer *"é um conjunto de práticas interdisciplinares de tratamento, com especial ênfase nas práticas educacionais, que visa à retomada do desenvolvimento global da criança ou à retomada da estruturação psíquica interrompida pela eclosão da psicose infantil ou, ainda, à sustentação do mínimo de sujeito que uma criança possa ter construído".* (Kupfer, 2000b, p. 83)

[3] A equipe clínica da Pré-escola Terapêutica, através de sua constante reflexão sobre o trabalho realizado com as crianças que por ali passam, decidiu pelo término do tratamento de Henrique nos grupos terapêuticos. Vários fatores objetivaram esta tomada de decisão. Henrique teve um tempo de tratamento na instituição e também completou 14 anos, idade um pouco acima da faixa etária com que a instituição se propõe a trabalhar. Assim, entendeu-se que o trabalho da instituição já não oferecia para ele tantos desafios. A Instituição Terapêutica, não se julgando completa e suficiente, através das parcerias já estabelecidas, propôs aos pais de Henrique a continuação do acompanhamento da sua escolarização (pelo Grupo Ponte) e o seu atendimento individual. Com isto, pensou-se em poder produzir "movimentos", tirando-os – pais e filho – das eventuais inércias e demandas de assistência e acosto, utilizadas pela família.

pos terapêuticos da instituição. Está freqüentando a escola, o que ocorreu a partir de agosto de 1999.

Henrique tem 14 anos, é o segundo de uma família com três filhos. Segundo a fala dos pais, Henrique nasceu com "as portas fechadas". A mãe fala, com mágoa, que a avó fechou as portas para ele. Os pais queixam-se de que ninguém da família foi visitá-lo na maternidade, ao contrário do que aconteceu no nascimento do primeiro filho, que foi recebido por todos com muita alegria. A mãe afirma que se decepcionou com o fato de o filho ser do sexo masculino, pois ela esperava que nascesse uma menina.

Segundo Teperman (1999), há um mal-entendido em relação ao nascimento do bebê. A espera de um filho gera uma série de expectativas nos pais e a chegada do bebê vai confrontar o desejo dos pais com o real desse corpo recém-nascido. É desse lugar do malentendido, das diferenças de cada um, quando superado, que o sujeito pode advir. Podemos nos perguntar se algo na mãe foi mobilizado ante uma criança distinta da idealizada por ela. Será que o desencontro no nascimento fê-la "fechar as portas" para esse filho diferente daquele por ela esperado?

A avó materna mostrou interesse em deixar uma pensão para Henrique, expressando o voto de outorgar-lhe uma "pensão à vida". Essa vontade da avó foi explicitada pelos pais, no decorrer do tratamento. Foi solicitado à instituição um laudo que atestasse a invalidez de Henrique. Pedido que não foi atendido pela equipe, por entender que dar esse laudo seria confirmar o lugar em que a família insistia em colocá-lo, de "inválido para a vida".

O pai de Henrique, um homem ainda jovem, é "encostado por invalidez". Ou seja, está aposentado, não trabalha por problemas de saúde. É por estar nesse lugar de doente, encostado, que pode acompanhar o filho em seus tratamentos. Não há outra possibilidade para o pai cuidar do filho, a não ser afastado do trabalho. Também parece não ser possível um outro lugar para o menino, que não seja a sua "invalidez", o que faz com que fique encostado ao outro, ao seu pai, deixando a mãe "livre" para que possa se ocupar das outras crianças (ela trabalha na área da educação e diz que adora estar perto de crianças).

Sendo assim, pai e filho ficam identificados como inválidos, usufruindo das pensões que lhes podem ser proporcionadas: a da avó para o neto, e a do governo para o pai. É nessa mesma condição de inválido que parece se instalar Henrique, em que, assim como o pai, ele fica encostado, recebendo do outro o que supõe que não pode ter para oferecer.

Henrique iniciou seu tratamento no Lugar de Vida, sem ter passado anteriormente por uma escola, e chegou com a aparência de uma criança mal-cuidada, com marcas no corpo. No grupo terapêutico, ele se batia e se mordia muito. Fazia xixi de modo freqüente e indiscriminado na sala, e isso parecia não provocar nele qualquer incômodo. Tinha o hábito de passar secreções do nariz para a boca com as mãos e lambuzar-se.

Ao chegar à instituição, Henrique não falava. Dos poucos sons que emitia, fazia o som de algo como um *"i, i, i..."* que foi articulado pela equipe com o seu nome *"Henriquiii"* e outras palavras que pudessem fazer uma conexão com este *"i"*: *"nariiiz"*...

Por meio dessas pequenas, porém importantes, suposições da equipe, Henrique foi se mostrando cada vez mais conectado nas atividades do grupo. Mesmo quando não participava, mostrava-se presente e próximo das pessoas. No que diz respeito a seu corpo, houve uma nítida mudança. Começou a investir nele, pelas brincadeiras de pega-pega, ou de jogar bola, assumindo uma expressão mais viva e presente. Passou a se incomodar quando fazia xixi na roupa.

O trabalho institucional foi oferecendo para Henrique uma possibilidade de poder responder de um outro lugar, que não o de inválido; por meio de interdições, em que se declarava: *"xixi, aqui não pode"*, ele foi podendo se localizar. Interdição, que ao proibir, ofereceu a possibilidade de reconhecimento a Henrique, mais-além do lugar de inválido, que ocupara até então.

Houve também um trabalho paralelo de escuta com os pais. É importante pensar que o trabalho institucional é sustentado pelos pais, pois é por meio da demanda deles que se marca o início do acompanhamento. Compartilhamos com Oliveira (1999), ao afirmar que essa escuta objetiva deslocamentos na posição subjetiva dos pais em relação à problemática de seus filhos.

Por intermédio da escuta, com intervenções pontuais feitas para os pais, pudemos observar algumas mudanças. Se, antes, o discurso desses pais apontava para "portas fechadas", com o relançamento dele e os questionamentos sobre o lugar que o grupo familiar destinava a Henrique, foi acontecendo um "abrir-se as portas".

O pai passou a ajudar em uma obra social e, a partir daí, manifestou o interesse de estudar. Começou a fazer planos, coisa que não fazia anteriormente. Quando o pai e a mãe passaram a querer estudar, surgiu neles o interesse de que Henrique fosse também para uma escola. Se antes o elo entre o filho e o pai se dava pela invalidez, uma nova ligação surgiu, pela via da escolarização. Pode-se pensar que, ali onde estava a criança, do lado de fora da porta, o trabalho no Lugar de Vida possibilitou que se abrisse uma outra porta, a da Escola.

Para acompanhá-lo nesse processo escolar, ao qual se chama de inclusão, é necessário uma atenção criteriosa, e é dessa forma que o Grupo Ponte se responsabiliza por essa "travessia", entre a instituição e a escola.

A fim de viabilizar a inclusão de Henrique, ele e seus pais fizeram encontros comigo, como membro do Grupo Ponte, para se pensar na escolha de uma escola. Nessas discussões, novamente o significante "portas fechadas" reapareceu, na fala dos próprios pais: "gostaria que fosse a escola X, pois é bem fechada, ao contrário de outras já visitadas, que são muito abertas".

Por questões de horário, Henrique foi matriculado em uma das escolas nomeadas pelos pais como "aberta". Em conseqüência dos meus encontros com a coordenação, direção e alguns professores, chegou-se a um consenso de que Henrique cursaria a primeira série do ensino fundamental. A escolha da sua professora foi decorrência da vontade dela própria, que aceitou o desafio.

Seis meses se passaram, quando a coordenadora da escola decidiu que Henrique deveria ir para a segunda série, junto com os demais colegas de classe, justificando-se por intermédio da "aprovação automática", que promove a criança para a série seguinte, independentemente de suas aquisições.

Não houve interferência da equipe do Ponte em relação a tal decisão, pois há o pressuposto de que, em relação à escolarização do aluno, quem deve decidir é a escola. Também poderia ser produtivo para Henrique acompanhar seus colegas, com os quais já vinha construindo algum laço social, através de brincadeiras na recreação, como pega-pega, entre outras.

Ainda em relação à passagem para outra classe, pensou-se na mudança da professora como uma descontinuidade, o que poderia beneficiá-lo, apostando no novo que ali se apresentaria, um corte que pudesse operar nesta passagem.

Essa segunda professora foi "apanhada de surpresa", pois ficou com a turma que lhe sobrou após as distribuições das classes entre os professores, e não por uma escolha pessoal. Ela entrou em sala de aula e, para seu espanto, Henrique já se encontrava lá. Podemos pensar que a inclusão de Henrique passou por esse momento de "exclusão", sobre o qual a professora falava de seus "38 alunos mais um", ou seja, seria Henrique o um exclusivo, excluído da educação inclusiva?

Falando de seus "38 alunos mais um", a professora permitiu a Henrique um lugar no seu discurso, possibilitando assim um laço social, mesmo sendo mais um ou um a mais. É um lugar outro que lhe é atribuído pela professora, talvez diferente, do lugar de estranheza que Henrique ocupou no primeiro encontro. É diferente ocupar o lugar de um a mais do que nenhum lugar.

Para que esse processo de inclusão pudesse se dar, foi necessária uma travessia, um ato de passagem da instituição para a escola. Assim, realizou-se um trabalho interdisciplinar, em que se estabeleceram parcerias, e no qual cada um pôde sustentar, de forma singular, o discurso que lhe é próprio.

Em uma das reuniões de que participei, como profissional do Grupo Ponte, junto com a coordenadora e a professora, ouvi o relato de que já fora possível observar progressos em Henrique: "Ele já consegue ficar sentado, não sobe mais na mesa"... E, para minha surpresa, soube que conseguiu isso dizendo-lhe que só lhe daria balas caso ele se sentasse.

Encaminhamento que foi questionado, oferecendo-se um espaço para que a professora se interrogasse sobre essa ação. O que implica haver um trabalho a ser feito com a escola. Cabe ao profissional do Ponte articular e fazer a conexão entre os diferentes participantes envolvidos na inclusão do aluno. Assim, possibilita a responsabilização de cada um no processo, em que a inclusão vai sendo construída. É uma rede na qual as parcerias são tecidas, a partir da inserção das diferenças: dos pais, do aluno e da equipe da escola.

Não se trata de acompanhar o professor na metodologia, na didática, pois esse é um saber que a ele diz respeito. Em nosso trabalho no Grupo Ponte, não se estipula, não se delimita o caminho pedagógico a ser seguido pelo professor. O acompanhamento se dá ao buscar que o professor questione-se sobre o seu fazer. Às vezes analisando; em outras, pensando junto com ele quais as melhores estratégias para ensinar. Ou ainda, apontando e valorizando as mudanças ocorridas na relação dele com o aluno e as implicações disso para a sua aprendizagem. Sempre sem deixar de levar em conta, como dizem Sayão e Leão *"que caberá a ele encontrar o modo especial de ensinar aquela criança"*. (2000, p. 113)

Nesses encontros, possibilita-se que, ao tomar a palavra, cada um ocupe o seu lugar, sabendo que ao tomá-la, ocupará um lugar a partir da diferença. Esse trabalho com os professores tem o objetivo de produzir um questionamento, para que eles possam se interrogar, assim como foi feito com Henrique e seus pais, para ir além de "portas fechadas".

Dois anos passaram-se desde o início da escolarização de Henrique, e muitas mudanças ocorreram. A coordenadora pedagógica foi transferida, juntamente com a diretora, cargos que se encontram sem substitutos, o que fez com que me dirigisse à escola, após marcar com a assistente de direção e com a nova professora de Henrique.

A professora de então era também nova na escola. Acabara de ser avisada que tinha "um caso de inclusão na sua sala" e foi ainda "alertada" por algumas colegas de que seria um caso bem difícil. Ela, assim como a anterior, relatou a sua surpresa ao ser comunicada sobre a presença desse aluno.

A professora falou da sua intenção de que lhe concedam uma semana com a classe e, somente depois, Henrique venha a freqüentar a escola. Ficou combinado dessa forma, respeitando-se assim o limite da professora, oferecendo-se um tempo para que ela pudesse se confrontar com a diferença, presentificada pela inclusão. Após este tempo, Henrique passou a freqüentar a sala de aula, junto com os demais alunos.

Ela se angustiou ante a possibilidade de encontrar este "caso difícil" que Henrique poderia se tornar ao se inserir na classe junto com os demais alunos. A possibilidade de um encontro com o inesperado, com o desconhecido constituiu-se num impasse que se presentificou com a possibilidade de receber um aluno considerado diferente, como um "caso difícil". Tal designação passou a representar Henrique com uma conotação negativa. O discurso institucional que circulou na escola conferiu um rótulo, uma designação pejorativa que colocou Henrique, como toda criança a ser incluída, como um "perigo", uma "ameaça".

Em busca de querer saber mais sobre Henrique e até sobre sua própria classe, a professora começou a participar das reuniões mensais do Grupo Ponte, oferecidas ao corpo docente das escolas que recebem crianças que freqüentam a instituição Lugar de Vida; espaço de escuta junto aos professores e trocas entre pares, momento de questionamentos sobre o trabalho de inclusão escolar.

Henrique agora tem um lugar na sala de aula e pode ocupá-lo; a professora não necessita fechar a porta da classe, pois ele não precisa fugir, como já o fizera no passado. Ele pode caminhar pela sala, reconhece o ambiente e, depois desse reconhecimento, pode ter um espaço que lhe é próprio, sua cadeira, sua carteira. Um espaço que não diz respeito apenas ao geográfico, mas que aponta para um lugar simbólico, o lugar de aluno.

A professora agora se questiona: *"como educá-lo, como ensiná-lo a ler e escrever?"*. Consegue enxergar que Henrique já conquistou várias coisas em sala de aula, embora com uma ressalva: *"falta o pedagógico"*. Se Henrique não demonstra, ainda, um interesse pelas atividades pedagógicas, isso não o impede de querer estar na sala, de freqüentar a escola ou estabelecer laços. Segundo o relato da professora, ele já começa a olhar e se dirigir a ela.

Henrique poderá ser pensado não como um "caso difícil", mas como um aluno da escola. Um outro lugar lhe foi destinado: o de aluno. Como nos diz Kupfer *"o destino de um sujeito não pode ser lido em seu genoma, mas depende da passagem do tempo e dos encontros com o Outro para se constituir"* (2001, p. 74).

Vê-se que a inclusão de Henrique teve um efeito terapêutico. A escola funcionou como um espaço social de circulação e passou a ser, para ele, o lugar de reconhecimento onde pode circular e fazer laço social. Se não é possível se interessar, ainda, pelas atividades pedagógicas, interessa-se por ir à escola, por estar com o grupo.

Não se sentir atraído ainda pelas atividades de ler, escrever e contar, não significa que nele não possa se instalar a curiosidade, que não lhe possam ser oferecidos desafios, mesmo que suas respostas sejam dadas de forma parcial e fragmentada (Jerusalinsky, 1999). Ter curiosidade, querer freqüentar a escola e gostar de estar com os colegas são passos importantes em direção à aprendizagem, embora se saiba que a escolarização de crianças psicóticas e autistas mereça, ainda, questionamentos e reflexões.

É importante a disponibilidade do professor para acolher, oferecer e, com sua oferta, produzir alguma demanda. Convém tomar cuidado, entretanto, para não cair no erro de idealizar a inclusão como um processo harmônico, não sujeito a equívocos e mal-entendidos. Como afirma Kupfer *"ela não é pacífica, óbvia, ou de fácil execu-*

ção" (2000a, p. 23). As dificuldades existem e são muitas, mas elas não devem ser localizadas no âmbito da impotência.

Pode-se levar em conta que, como todo processo educativo, a inclusão vai implicar falhas, vai trazer a dimensão do impossível, pois há sempre algo que escapa a toda tentativa de domínio do aluno. A dimensão do ineducável vai sempre retornar. O que não inviabiliza que essas crianças sejam incluídas na escola.

Acompanhar Henrique nessa escola, que estava no caminho e que a ele se dispôs a abrir as portas, leva a questionar: a inclusão é uma missão (im)possível?

Referências bibliográficas

Altoé, S. (1999). *Sujeito do direito, sujeito do desejo: direito e psicanálise*. Rio de Janeiro, RJ: Revinter.

Bastos, M. B. (2003). *Inclusão escolar: Um trabalho com professores a partir de operadores da psicanálise*. Dissertação de mestrado, Inst. de Psicologia, Universidade de São Paulo, São Paulo, SP.

Jerusalinsky, A. (1999). A escolarização de crianças psicóticas. In. A. Jerusalinsky (org.). *Psicanálise e desenvolvimento infantil*. Porto Alegre, RS: Artes e Ofícios, p. 126-154.

Kupfer, M. C. M., Oliveira M. G. L. & Guglielmetti, M. (1998). Lugar de Vida: dez anos depois. *Estilos da Clínica: Revista sobre a Infância com Problemas*, 3 (5), 10-18.

Kupfer, M.C.M. (2000a). Educação: especial? In. M. C. M. Kupfer (org.). *Tratamento e escolarização de crianças com distúrbios globais do desenvolvimento*. Salvador, BA: Ágalma, 2000, p. 89-99.

___________. (2000b). *Educação para o Futuro*. S. Paulo, SP Escuta

___________. (2001). Duas notas sobre a inclusão escolar. In. *Centro Lydia Coriat " Escritos da criança n° 6*, Porto Alegre, RS: Centro Lydia Coriat, p. 71-81.

Lajonquière, L., Scagliola, R. (1998). Conversando sobre Bonneuil. *Estilos da Clínica: Revista sobre a Infância com Problemas*, 3 (4), 20-40.

Oliveira M.G.L. (1999). *A escuta psicanalítica dos pais no tratamento institucional da criança psicótica.* Dissertação de mestrado, Instituto de Psicologia, Universidade de São Paulo, São Paulo, SP.

Sayão, Y. & Leão, S., (2000), "Negócio fechado": Matheus vai à escola. In. M. C. M. Kupfer (org). *Tratamento e escolarização de crianças com distúrbios globais do desenvolvimento.* Salvador, BA: Ágalma, 2000, p. 100-116.

Teperman, D. (1999). Do desejo dos pais ao sujeito do desejo. *Estilos da Clínica: Revista sobre a Infância com Problemas*, 4 (7), 151-158.

O aluno não é só da professora, é de toda a escola: construindo uma educação inclusiva

Nanci Mitsumori
Valéria Amâncio

"O aluno não é só da professora, é de toda a escola"... Essa é uma frase que se tornou presença constante entre os profissionais do Grupo Ponte, desde que fora enunciada por uma professora em uma das reuniões mensais que promovemos com os educadores interessados na temática da inclusão escolar – estejam eles envolvidos ou não no processo de inclusão das crianças atendidas pela *Pré-escola* Lugar de Vida.[1] Uma frase que insiste em retornar – e que mobiliza tantas discussões entre nós – talvez porque as experiências até aqui acumuladas demonstrem que, de fato, por mais que um(a) professor(a) acolha e se empenhe em trabalhar com as crianças ditas "diferentes", se a escola como um todo não for capaz de se envolver e assumir para si a responsabilidade pela escolarização desses alunos, o processo de inclusão não se efetiva. Como afirmam Sebba e Ainscow, em citação de Warwick:

"A educação inclusiva descreve o processo através do qual ***a escola tenta responder a todos os alunos***

[1]Sobre o funcionamento e a fundamentação teórica dessas reuniões, consultar Bastos, Marise B. Inclusão escolar: um trabalho com professores a partir de operadores da psicanálise. Dissertação (Mestrado). São Paulo: Instituto de Psicologia – USP, 2003.

> ***enquanto indivíduos, reconhecendo e reestruturando a sua organização curricular e a provisão e utilização de recursos para melhorar a igualdade de oportunidades.*** *Através desse processo, a escola constrói a sua capacidade de aceitar todos os alunos (...) e, fazendo isso, reduz a necessidade de excluir os alunos"* (Sebba & Ainscow, 1996, *apud* Warwick, 2001, p.112 – grifo nosso).

Dessa forma, torna-se cada vez mais claro que nosso trabalho de acompanhamento da inclusão escolar de uma criança deve se estender a toda a instituição, o que nos leva a enfrentar *"uma tensão constante entre a pressão da organização para manter a continuidade do seu passado e das suas práticas e a procura de novas formas de desenvolvimento que permitam responder às novas situações"*. (Marchesi, 2001, p.105)

Mas o que isso quer dizer? O que significa "envolver toda a instituição"? O que está implicado em um trabalho voltado para a transformação de uma escola, de forma que ela possa se tornar, de fato, inclusiva? E será que sabemos determinar o que é uma "escola inclusiva"

Nossas práticas revelam que essas são questões bastante complexas, ainda longe de serem respondidas. Sem a pretensão de esgotá-las, esse trabalho pretende tão somente levantar alguns pontos que contribuam para as reflexões e os debates em torno dessa problemática. Para isso, recorreremos ao caso de Wilson[2], garoto de treze anos matriculado atualmente em uma quinta série do ensino regular, cujo processo de inclusão escolar começamos a acompanhar há três anos.

---

[2]Os nomes aqui citados foram modificados a fim de garantir o compromisso ético com os sujeitos envolvidos.

Primeiro tempo: o céu

Wilson chegou à nossa instituição porque fora encaminhado por sua unidade escolar, que faz parte de uma rede privada prestadora de serviços educacionais de caráter público. Na época, o Lugar de Vida estava assinando um convênio com essa rede, comprometendo-se a prestar atendimento a alguns de seus alunos com problemas nos processos de aprendizagem.

Após um período de atendimento em grupo, o profissional de referência do caso solicitou que o Grupo Ponte fizesse o acompanhamento do processo de escolarização dessa criança. Enfrentava-se um momento de impasse: Wilson parecia não responder aos investimentos e os pais pareciam não se implicar nem no tratamento, nem nas questões escolares.

Nessa época, ele era aluno de uma classe de segunda série do ensino fundamental. Vinha enfrentando dificuldades escolares desde a sua entrada nesse ciclo e havia sido reprovado na 1ª série. A professora dizia não saber "intervir pedagogicamente". Percebia que ele reconhecia todas as letras do alfabeto, mas que, no entanto, não conseguia "juntá-las ao ler ou ao escrever"; reconhecia também a escrita do próprio nome, mas não a do sobrenome. Rasgava ou amassava as próprias produções, não deixava nenhum registro. Karina, a professora, falava de um aluno que não respondia como ela esperava, mas sim com sorrisos e repetições das palavras que ela própria emitia; falava de uma criança "agressiva, indisciplinada", que não se comunicava com os adultos da escola.

Iniciamos nosso trabalho e não se passou muito tempo para que notássemos algumas modificações na dinâmica escolar. A diretora passou a se implicar nas questões de inclusão referentes a Wilson, buscando estabelecer trocas de idéias sobre as vicissitudes desse trabalho, ampliando seu olhar sobre as possibilidades de aprendizagem do aluno e procurando produzir maior responsabilização da equipe escolar no processo de inclusão. Pôde, também, convocar um maior envolvimento dos pais, exigindo pontualidade nos horários de entrada, por exemplo.

Além disso, houve mudanças significativas nos relatos acerca do comportamento do aluno: os episódios outrora nomeados como agressivos não apareciam mais. Ademais, a professora passou a resgatar algumas atividades, que Wilson amassava e jogava fora, para guardar em uma pasta; era uma forma de deixar registrada a sua produção.

No final do ano, a equipe pedagógica anunciou a preocupação em relação à possibilidade ou não da promoção de Wilson para a série seguinte. Não havia dúvidas de que o aluno não tinha alcançado as competências esperadas, mas a sua idade e seu tamanho foram considerados naquele momento, como também, seu trabalho foi avaliado de modo diferente dos demais alunos; era uma maneira de a escola responder aos questionamentos que uma criança diferente lhe trazia. A diretora dizia que, às vezes, era importante apostar na competência de uma criança, na possibilidade de que algo desse certo.

Nossa entrada nessa história se deu num momento de profundo desânimo por parte da equipe responsável pelo tratamento de Wilson no Lugar de Vida, e também de muita queixa por parte da escola.

Nesse contexto, em que todos apontavam para as impossibilidades de trabalho com o menino, chamava-nos a atenção a rapidez com que as mudanças passaram a ocorrer: as transformações na forma como a escola passou a ver e a lidar com o aluno, bem como as respostas que ele passou a produzir; esses ganhos, essas modificações deram-se depois de um semestre de trabalho, aproximadamente.

Warwick, ao procurar distinguir o conceito de inclusão do de integração, afirma que o primeiro refere-se, mais do que à simples inserção de alunos com necessidades especiais no mesmo espaço físico dos demais: há um processo que envolve a mudança das escolas e seus programas, para que possam responder à diversidade dos seus alunos. Defende, assim, a idéia de que "*a inclusão é essencialmente uma questão de melhoria da educação geral*" (2001, p. 114). Embora o autor considere que o maior impulso para essa mudança deva se originar dentro da própria instituição, afirma que é importante que ela possa contar com a colaboração de "serviços de apoio externo". Cita, nesse sentido, Holly, James e Young, para os quais *"o modelo mais eficaz de desenvolvimento da escola é o baseado numa parceria de trabalho"* (1987, *apud* Warwick, 2001, p. 117).

Essa é uma constatação que vem se construindo aos poucos no Grupo Ponte. Apesar de a idéia de parceria estar presente desde o início, pensava-se anteriormente no professor como o parceiro fundamental desse processo, e era nele que se centravam nossos esforços para a construção do trabalho, como se pode verificar nos relatos de Colli (1997), e de Colli e Amâncio (2000). A partir do segundo desses artigos, porém, embora a idéia não estivesse explicitada, começa a aparecer a importância de um trabalho que envolvesse a instituição escolar.

A partir do relato de uma experiência, indica-se que, num certo momento, é preciso apelar *"para um terceiro, para a autoridade da coordenadora pedagógica, que intercedeu prontamente a favor da saída dessas crianças da sala especial"*. (Colli & Amâncio, 2000, p. 77) Um efeito que provavelmente não se teria alcançado – ou que teria demorado muito mais – se tivéssemos mantido a parceria somente com a professora.

E qual é a função que, nessa(s) parceria(s), atribuímos ao Ponte? Ao avaliar o tempo de acompanhamento da escolarização de Wilson, é possível dizer que, tanto no caso da parceria estabelecida exclusivamente com o professor, quanto no trabalho com a escola, o que causa efeitos é o lugar de uma escuta específica ocupado pelo profissional do Ponte.

Um lugar marcado pela ética da psicanálise – a qual permeia todo o trabalho do Lugar de Vida –, a qual possibilita apostar no sujeito, sempre. Como, também, implica que esse profissional não se coloque como aquele que sabe o que é melhor para a criança, ou o que as pessoas e as instituições que com ela trabalham devam fazer, mas que, ao contrário, possa suportar um *não-saber* sobre nada disso, para deixar livre um espaço de construção.

Uma escuta que, como afirma Bastos com base nas discussões de Lacan em *A direção do tratamento e os princípios de seu poder*, busca não uma interpretação, ou seja, um *dizer melhor*, mas uma confrontação do sujeito com aquilo que ele mesmo diz. De acordo com a autora:

> *"Vemos que essa escuta que implica o outro numa confrontação com seu próprio dizer contribui para que se instalem, no lugar das certezas, perguntas e questões referentes às interpretações que os professores dão às atitudes 'estranhas' de seus alunos. São visíveis os efeitos desse trabalho de escuta que possibilita o giro discursivo, pois como já dissemos não se trata de interpretação, nem tampouco de responder às perguntas dando explicações ou conselhos"* (Bastos, 2003, p. 102).

Embora retirado de uma dissertação voltada para a discussão das bases e dos efeitos do trabalho desenvolvido pelo Grupo Ponte nas reuniões mensais com os professores, acreditamos que esse trecho seja bastante ilustrativo daquilo que realizamos também em nosso contato direto com as instituições escolares e seus profissionais.

Assim, ao possibilitar que a professora e a diretora da escola de Wilson falassem sobre as suas queixas, e suportando não colocar nossas próprias significações, mas abrindo questões, elas puderam ressignificar suas constatações e criar novas formas de atuar com aquele aluno. Nessa parceria, o que nos coube foi ofertar uma escuta – sem julgamento, sem crítica – deixando cada um desses sujeitos à vontade para falar e, ao falar, *escutar-se*.

Porém, apesar das mudanças desencadeadas no trabalho – tanto da diretora quanto da professora – será que podemos afirmar que houve um trabalho que propiciasse mudanças efetivas na instituição?

Segundo tempo: entre o céu e o inferno

No ano seguinte, terceira série, Wilson tinha uma nova professora, Marina, e a unidade escolar, uma nova diretora, Ruth.

Ruth considerava que Marina era mais *calminha* do que a professora anterior, e que conseguia aceitar melhor o jeito de Wilson. Dizia, ainda, que o aluno vinha aprendendo *normalmente*, que ele falava mais com a atual professora, a quem chegava a mostrar suas produções.

Marina, por sua vez, levantava questões relativas à alfabetização desse aluno; perguntava-nos sobre os tipos de atividades que poderia propor, se poderia trabalhar em separado com Wilson, se poderia expor ao grupo e a ele próprio a diferença entre os tipos de trabalhos propostos e como poderia avaliá-lo.

Nesse tempo, a equipe clínica do Lugar de Vida afirmava que o tratamento de Wilson, que parecia totalmente "paralisado", começava a dar sinais de avanço, muito em conseqüência da maior implicação por parte dos pais. O pai, que inicialmente se mantinha apático – na medida em que o filho parecia não corresponder às suas expectativas – passava a investir no tratamento, garantindo que não houvesse mais faltas nem atrasos. A mãe, por outro lado, mostrava-se mais disposta a questionar e ouvir sobre o filho, deixando de colocar-se no lugar das certezas, daquela que sobre ele tudo sabia.

Após o primeiro bimestre de aulas, porém, veio uma grande surpresa para nós, do Ponte: nosso contato com a escola ficou interrompido, a diretora não retornava nossas seguidas e insistentes ligações. A enormidade de nosso espanto devia-se ao fato de que isso passou a ocorrer após uma visita em que havíamos combinado uma outra forma de parceria, mais ampliada, entre nós e a unidade escolar. Havíamos comentado com Ruth, a diretora, que seria importante que outros professores pudessem ouvir sobre Wilson, sobre os seus processos de aprendizagem e sobre as estratégias de trabalho pensadas para ele – tanto as anteriores, que já haviam sido adotadas, quanto as que seriam postas em prática a partir dali. Afinal, Wilson naquele momento era aluno de Marina, mas poderia vir a ser de qualquer outro professor. E colocamo-nos à disposição da escola para efetuar esse trabalho junto aos professores.

Ruth, na ocasião, havia se entusiasmado com essa proposta, dizendo que poderíamos participar de todas as reuniões que faria no decorrer do ano com o conjunto do corpo docente. Com a agenda em mãos, fornecera as datas dessas reuniões, e com isso saímos, também nós, bastante entusiasmadas com as perspectivas que se desenhavam.

Então, o que poderia ter ocorrido?

Entramos em um período de muita angústia, pois sem conseguir um novo contato com a diretora, fosse para confirmar nossa participação nessas reuniões, fosse para ter notícias da escolarização de Wilson, ficamos sem entender o que poderia ter provocado esse "fechamento de portas".

As únicas notícias que tínhamos sobre a escola eram as que os pais de Wilson nos traziam. Em um encontro no final daquele semestre, ficamos sabendo que Ruth estava colocando em questão a adequação ou não da permanência do menino naquela escola. Disseram que ela havia sugerido uma mudança, julgando que ele seria aluno para uma escola especial.

Os pais se mostravam bastante angustiados; perguntavam se aquela seria a única alternativa para o filho, se ele jamais poderia acompanhar uma escolarização *normal*. Quando perguntamos diretamente a Wilson o que ele pensava, se achava que teria ou se gostaria de ir para uma outra escola, o garoto emite um – mais do que inteligível – "não".

É um momento bastante comovente dessa história, pois esse garoto a quem ainda era muito difícil emitir um som ou estabelecer qualquer comunicação com um adulto, fora de seu convívio familiar, expressava claramente um desejo. Desejo de permanecer *naquela* escola e não em qualquer outra? Desejo de permanecer em uma escola regular e não em uma especial? Desejo *de quê*, enfim, era o que menos importava no momento. O importante era constatar que havia ali um sujeito a ocupar uma nova posição, e que começava a falar em nome próprio.

O que Wilson nos mostrava é que nem sempre – ou talvez possamos dizer que quase nunca – tratamento e escolarização caminham no mesmo passo. Muitas vezes, surgem em uma dessas instâncias alguns indícios apontando que algo na história do sujeito começa a se deslocar; indícios esses que, no entanto, nem sempre podem se mostrar como tais na outra instância.

Essa é uma constatação bastante coerente com a concepção de sujeito que norteia nosso trabalho. O sujeito de que se trata, em psicanálise, nada tem a ver com a noção de *indivíduo* tal como o compreende a maior parte das correntes da filosofia ou da psicologia: um ser *indiviso* que poderia, a partir do pensamento, caminhar para um progressivo conhecimento e controle de si e do mundo. Para a psicanálise, esse sujeito é, ao contrário, marcado por uma divisão constitutiva que o leva a um radical desconhecimento de si mesmo. O que o leva a ações e ditos incoerentes, incongruentes, a dizer o que não pensou, a fazer o que não gostaria. Como aponta Pereira, "*o discurso do sujeito sempre deixará um resto cuja verdade particular é meio-dita*" (1998, p.183-4).

Assim, é sempre possível que a "mesma" criança tenha comportamentos e reações muito diferentes na escola e na instituição de tratamento; comportamentos e reações até mesmo diametralmente opostos, fato que o senso comum marcaria como *incoerência*, ou talvez *desajuste*.

Isso é algo já vivenciado e registrado pelo Grupo Ponte a partir do caso Andressa, uma criança que vinha trazendo muito desânimo à equipe responsável pelo seu tratamento, na medida em que se mostrava "*agitada, negando-se a cumprir com os combinados do grupo*" (Colli & Amâncio, 2000, p. 73), e que, no entanto, vinha dando grandes saltos em sua escolarização, pois "*cada vez mais ela garantiu um espaço de acolhimento, de integração ao grupo da escola, de construção de laços sociais*" (idem, p. 73).

Ou seja, falava-se ali de uma situação inversa à vivida nesse tempo da história de Wilson, mas o registro daquele caso possibilitou evidenciar a importância da função que exerce o Grupo Ponte: a de ligação entre um ponto e outro – entre uma instituição e outra – para propiciar que a criança ou adolescente vá gradativamente deixando de ocupar o lugar da loucura – o de paciente de uma instituição de tratamento – para se colocar como membro da sociedade, com os mesmos direitos de todos os demais, inclusive um lugar na escola.

O que, porém, estava nos impedindo de cumprir essa função no caso de Wilson?

Hoje, ao revisitar essa experiência, podemos perceber que tivemos grande responsabilidade para que esse desligamento ocorresse. Julgamos que nos precipitamos ao fazer aquela oferta de um trabalho mais ampliado com o conjunto de professores da escola; oferta motivada, justamente, pela idéia de que "o aluno não é só da professora, é de toda a escola". Um enunciado, um saber que – podemos ver agora – tomamos como um imperativo, como algo que se antepôs à nossa escuta naquela instituição.

Infelizmente, comprovamos na prática as conseqüências desastrosas que se pode acarretar quando, nesse trabalho, deixamos de nos pautar pela ética da psicanálise, que implica silêncio do analista – silêncio do *desejo* do analista como sujeito, silêncio de suas próprias convicções ou julgamentos. E que implica, quando se trata de um trabalho com alguma instituição, como aponta Stazzone, que *"nossa concepção ideológica, política, tudo aquilo relacionado a aquele 'saber-todo' (...) deverá permanecer à margem de nossas intervenções se pretendemos conseguir efeitos 'analíticos' das mesmas"* (1997, p. 49)

Sim, talvez a principal lição a ser tirada desse momento de nosso acompanhamento do caso seja a de que, independentemente de tudo quanto saibamos sobre a inclusão – inserindo-se aí tudo o que as trocas no Grupo Ponte nos propicia construir, elaborar – o que deve prevalecer no momento da intervenção é aquilo que *não sabemos*, uma posição de ignorância.

Mesmo porque não existe nenhum saber total que possa ser generalizado, estendido a todo e qualquer sujeito, a toda e qualquer instituição. Como mostra Lacan, *"o saber, ele é um enigma"* (1972-73, p. 188), algo a ser articulado pelo próprio sujeito – ou sujeitos de uma instituição – na pesquisa da sua verdade. O que deve a escuta analítica possibilitar é que haja engajamento nessa pesquisa, o que só é possível se ela puder se desvencilhar dos saberes pré-estabelecidos, para deixar um espaço vazio, a ser preenchido pelas construções do sujeito – ou da instituição.

Nem céu, nem inferno. (Mais) uma questão

Nosso artigo não deve trazer satisfação àqueles que esperavam obter algumas respostas para as questões iniciais ou aguardavam descobrir os melhores caminhos a se tomar num processo de inclusão escolar. Talvez tenhamos provocado alguma inquietação ao dar preferência à complexidade dos mecanismos de inclusão. Longe de fazer deles um ente independente, o que poderia dar a ilusão da possibilidade de controlá-los, nós os colocamos, guardadas as diferenças, no lugar daquilo que se poderia comparar ao movimento do sujeito em devir, de um sujeito dividido pelo inconsciente.

Ao optarmos pela dimensão analítica em oposição à abordagem psicológica, mais uma vez não facilitamos a tarefa para o leitor, já que a categoria do inconsciente também é sempre perturbadora, arduamente comunicável e ainda menos admissível para alguns. Como diria Freud, de uma "peste" que muitos nada desejam saber.

Se por um lado, essa abordagem pode ser considerada uma visão pessimista da questão, respondemos que ela tem seus efeitos positivos, na medida em que se opõe às crenças, aos dogmas, às verdades preestabelecidas, possibilitando a abertura de novas vias de reflexão.

Nosso artigo sugere que o caminho não está em, necessariamente, trabalhar com a direção *versus* trabalhar somente com a professora. Nem tampouco em trabalhar com todos da escola, a exemplo do que ocorreu com a proposta feita a Ruth.

Evitar compreender muito depressa, como lembrava Lacan, talvez possa nos servir para não adiantarmos a resposta à questão: o que é trabalhar com toda a escola? Em outras palavras, estamos falando do cuidado, da cautela que devemos ter ao tentar dar respostas possíveis a essa formulação, uma vez que ela deve ressurgir em outros momentos.

Referências bibliográficas

Bastos, M. (2003). *Inclusão Escolar: um trabalho com professores a partir de operadores da psicanálise*. Dissertação de Mestrado, Instituto de Psicologia, Universidade de São Paulo.

Colli, F. (1997). Uma travessia pelo Ponte. *Estilos da Clínica: Revista sobre a infância com problemas*, V (2), 139-144.

Colli, F. & Amâncio, V. (2000). Continuando uma travessia pelo Ponte. *Estilos da Clínica: Revista sobre a infância com problemas*, V (9), 69-81.

Lacan, J. (1972-73). *O Seminário: livro 20: mais, ainda*. 2ª ed., Rio de Janeiro: J. Z. E., 1985.

Marchesi, A. (2001). A prática das escolas inclusivas. In Rodrigues, David (org.). *Educação e diferença: valores e práticas para uma nova educação inclusiva* (p. 93-108). Porto, Portugal: Porto Editora.

Pereira, M. (1998) O relacional e seu avesso na ação do bom professor. In Teixeira Lopes, Eliane Marta (org.). *A psicanálise escuta a educação*. (p.151-193). Belo Horizonte, MG: Autêntica.

Stazzone, R. (1997). O que um psicanalista deve fazer na escola? *Estilos da Clínica*: R*evista sobre a Infância com Problemas*, V (2), 44-52.

Warwick, C. (2001). O apoio às escolas inclusivas. In Rodrigues, David (org.). *Educação e diferença: valores e práticas para uma nova educação inclusiva* (p.109-122). Porto, Portugal: Porto Editora.

Chegamos ao Fim, a um fim

Siglia C. S. Leão

"Mal a criança saiu do ventre da mãe e mal gozou da liberdade de movimentar e esticar seus membros e já lhe dão novos laços. Põem-lhe fraldas, deitam-na com a cabeça presa e com as pernas esticadas, com os braços pendentes ao lado do corpo; é envolta em panos e bandagens de toda a espécie, que não lhe permitem mudar de posição. Feliz da criança se não a apertaram a ponto de impedi-la de respirar e se tiveram a precaução de deitá-la de lado, para que as águas que deve devolver pela boca possam cair por si mesmas! Pois ela não teria a liberdade de voltar a cabeça para o lado a fim de facilitar seu escoamento".

Jean-Jacques Rousseau
***In:* Emílio ou Da Educação**

O Grupo Ponte, desde seu nascimento, é chamado a lidar sobre questões relativas às saídas. Não quaisquer delas. Trata-se de uma em especial. Sua principal função é fazer a travessia entre duas instituições, a saber: Lugar de Vida e Escola[1]. Assim, temos como uma primeira marca constituinte a da passagem, que implica necessariamente uma saída. Saída essa que não se refere ao fim do atendimento clínico, mas sim ao início de uma outra perspectiva sustentada pelo tratamento: a inclusão escolar como um dos eixos da educação terapêutica[2].

Não se trata aqui de repetir a história que deu origem a esse Grupo, mas de recolocá-la, e desta forma, retirar os elementos necessários

---

[1] Ver artigos anteriores: Colli, F. e Amâncio, V. (2000). Continuando a Travessia pelo Ponte. *Estilos da Clínica: Revista sobre a Infância com Problemas*, 9 (V). e Colli, F (1997). Uma Travessia pelo Ponte. *Estilos da Clínica:Revista sobre a Infância com Problemas*, 2

[2] Ver Kupfer, M.C. (2000). *Educação para o Futuro*. São Paulo: Escuta, p. 86 a 92.

à construção de um novo momento. Passados dez anos da criação do Ponte, algumas questões começam a entrar em discussão: quando ou como consideramos que a inclusão foi realizada? Ou, ainda, quando nos afastarmos, o que indica a conclusão do nosso trabalho?

A formulação desses questionamentos e os indicativos de um possível caminho de resposta foram construídos com a ajuda de dois adolescentes atendidos no Lugar de Vida. Um deles é Mateus, cuja história será, aqui, em parte remontada[3].

Mateus, um menino[4]

Mateus ingressou no Lugar de Vida em 1997, com 10 anos, e não freqüentava a escola. Já havia sido, por três vezes, excluído: uma vez do jardim de infância, e outras duas, da 1ª série. Sua afinidade com a leitura e a escrita era, nos grupos terapêuticos, notória. Hoje, é um adolescente de 16 anos, que cursa a 7ª série, em classe regular, de uma escola estadual.

Foi no início do segundo semestre de 1998 que Mateus voltou à escola, com 11 anos, depois de quase quatro dela afastado. Nesse retorno, passou por três classes, num intervalo de cinco meses. Recomeçou a 1ª série, transitou por uma classe especial para deficientes mentais, e terminou o ano numa classe especial para deficientes físicos. Meses turbulentos que culminaram, ao final, na possibilidade de olhar para o *saber* de Mateus e não apenas para ele, com suas esquisitices e impossibilidades. A última professora e a equipe de coordenação autorizaram-no a cursar a 3ª série no ano seguinte.

---

[3] Neste artigo, traremos à tona *uma* perspectiva de fim ou de conclusão, a partir do acompanhamento de Mateus. No artigo de Evelyse de Freitas, deste mesmo livro, essa temática será retomada, porém com outra abordagem – construída a partir da história de outro adolescente, outra escola e outra profissional do Grupo Ponte.

[4] O nome do adolescente está alterado para preservar o sigilo das informações. Ressaltamos também que voltamos aqui – e damos continuidade - ao caso descrito e publicado no artigo: Sayão, Y. e Leão, S. Negócio Fechado: Mateus vai à Escola. In M. C. Kupfer, (org.). *Tratamento e escolarização de crianças com distúrbios globais do desenvolvimento.*

Apesar de a Declaração de Salamanca já ter ocorrido, o afã da inclusão não foi o motor desse encontro. Em 1998, a inclusão não era ainda o mote de organização social da rede escolar. No discurso da época, circulava mais o "*toda criança tem direito à escola*", o que nos fez defrontar muitas vezes com a questão: "qual escola?". Durante quase um semestre, foi o significante "deficiente" ou "especial" que adveio, ora por parte da equipe pedagógica, ora por parte da própria mãe para designar o lugar que deveria ser ocupado por Mateus: uma classe para deficientes, ou mesmo uma escola especial. Do lado da equipe de tratamento, olhava-se o menino que chegava no Lugar de Vida vestido com o uniforme escolar, de mochila nas costas, identificado com o aluno regular. Ele mesmo, por palavras próprias, dizia-se "*menino de 11 anos*".

Na escola, traços que o identificavam ao fora dali, ao deficiente de algo que não se sabia o quê, ao paciente; nos grupos de tratamento, diferentes traços que também o identificavam ao fora, para além dali, para o lugar de aprendizagem, de aluno, de escolar.

Menino entre essas duas posições, que em cada lugar denunciava não ser totalmente. Não totalmente da instituição terapêutica, não totalmente da escola. Na classe da 1ª série, ficou os quinze primeiros dias e não conseguia se sentar, não fazia a lição, saía o tempo todo, atrapalhava e assustava as crianças, que eram bem menores. Na classe especial para deficientes mentais, também não encontrou um lugar entre os alunos: fazia pouquíssimas lições e ainda gritava, chorava, era motivo de "chacota". A professora precisava ficar sempre a seu lado para que se acalmasse, e, com a intenção de protegê-lo, colocou-o ao lado dela sentado fora da roda do grupo, numa carteira isolada. No recreio, também andavam os dois – a professora e ele. Aos poucos, a presença de Mateus tornou-se demasiada, para ela e para classe, o que culminou com a saída definitiva dele. O último lugar encontrado na escola foi, então, na classe especial para deficientes físicos. Classe essa escolhida depois de uma reunião entre as diversas professoras, em que uma delas, ante aquela situação (um aluno da instituição que precisava de um espaço), supôs poder fazer um trabalho com ele.

Naquela sala de aula, não havia dúvidas quanto ao lugar de Mateus -- ele não era dali, estava fora da colagem significante de *ser o lugar deficiente*, isto é, ele não precisava corresponder, ficar capturado à imagem totalizadora, aprisionante que dele faziam. Pôde tão somente *ocupar* um lugar transitório, que permitia mobilidade, entrar e sair, aprender. Em hipótese alguma tinha uma deficiência física; eis que sentou na carteira de aluno, escreveu, leu e fez contas. Não abandonou seus choramingos, suas risadas, nem as palavras cantaroladas solitariamente. Atitudes um tanto estranhas e fora de contexto, mas que não ocupavam todo o tempo, toda a atenção da professora e dos colegas. Não diziam tudo sobre o que ele era, sabia ou podia. Eram comportamentos que aconteciam em alguns momentos; já em outros, aparecia o menino com grande facilidade e condições de aprendizado. Foi esse *menino* que falou mais alto, tanto no grupo escola quanto no grupo do Lugar de Vida. Passou para a 3ª série e recebeu alta da montagem clínica, isto é, dos grupos de atendimento. Devia seguir seu tratamento em análise individual.

Migrar do "deficiente" ao "aluno" dentro do território escolar foi efeito de um árduo trabalho, uma conquista que deixou marcas significativas na constituição daquela criança, quase adolescente. Chegar à outra escola portando um relatório escolar[5] e não mais um relatório "médico" talvez o tenha autorizado a, pela primeira vez, ensaiar o enunciado de uma separação, a diferenciar seus dois espaços, procurando não se deixar invadir pela loucura na escola. Tanto que, com determinação, ele apontou o meu lugar quando fui conversar com sua nova professora: *"Você é do Lugar de Vida. Para onde você vai agora, para o Butantã? Dá um tchau geral"*.

Diferentemente do ano anterior, Mateus estava "enturmado", rodeado de crianças no pátio, sorridente. Até aquele momento, a pro-

[5] Mateus precisou mudar de escola, seguindo as normas da municipalização, que começava. A professora escreveu um relatório do trabalho realizado com ele como um parâmetro para a escola seguinte.

fessora tinha uma avaliação bastante positiva de seu desempenho e considerava possível desenvolver um trabalho com ele, sem a presença constante do Ponte. Já tínhamos apostado na primeira alta de Mateus – a da montagem. Investíamos novamente numa saída – dessa vez, o Ponte ocupando uma posição ainda mais de fora.

Afinal, do que se tratava esse investimento, essa aposta?

Apostávamos que o ato de nosso distanciamento poderia ter um efeito de legitimidade sobre o aluno Mateus e sobre a escola, que o tomava como pertencente a ela. Poderia marcar que olhávamos e reconhecíamos nele o enunciado de uma diferença: daquele que era falado pelos outros, dito deficiente e posto para o lado de fora ao que procurava se dizer, se afirmar de uma outra maneira, de um outro lugar; ele dentro. Como nos afirma Baio,

> *"(...) para que a inscrição de um determinado saber se realize, é necessário um Outro, um par junto ao qual o sujeito possa verificar sua tomada de enunciação, e que ele tem direito a ela, junto ao qual ele possa verificar que este só está aí, em seu encontro, para garantir que ele é o único que pode saber por ele mesmo[6]"* (2000, p. 20).

O afastamento do Ponte tinha, pois, o caráter de dar a ver a Mateus e à escola que podiam saber por eles mesmos.

Não completamente, uma saída

Afastamo-nos, saímos de maneira incompleta: nem de fora nem de dentro, fomos acompanhando esse adolescente à distância. Encontros mensais com a professora no Lugar de Vida, que foram se transformando em telefonemas esporádicos, encontros semestrais na escola ou, em momentos significativos, como os de transição de sé-

[6] Tradução livre da autora

rie, ou ainda por alguma dificuldade específica. Conversas com a analista também ocorriam esporadicamente. Nesses intervalos, fomos acompanhando, tendo notícias de seu processo de escolarização e dos efeitos de nosso ato.

De 1999 a 2003, isto é, da 3ª à 7ª série, muitos foram os acontecimentos. Elegemos três, que consideramos importantes no que concerne às marcas deixadas pela educação: a biblioteca, o passe, o lugar de criança.

A biblioteca, espaço privilegiado na história escolar de Mateus, foi o local promotor de sua exclusão aos 7 e aos 8 anos de idade. Muito interessado, desde bem pequeno, por gibis e revistas, Mateus teve, na primeira vez em que cursou a 1ª série, um encontro desastroso com a biblioteca. Agitado, sem conseguir parar quieto durante toda a primeira semana de aula, viu-se de repente ante um lugar bastante atraente, cheio de livros, o que, segundo relato de sua mãe, levou-o a, imediatamente, atirar-se sobre eles em busca daquilo de que mais gostava – as revistas. Resultado: livros e prateleiras foram colocados abaixo por Mateus, e, ele, posto abaixo pela escola, ficando sem outro lugar que não sua casa. Um ano depois, outra tentativa de matrícula foi feita no mesmo estabelecimento de ensino. No entanto, ele só permaneceu lá por um dia. Novamente, foi-lhe dito que seu lugar não era na escola, que buscasse tratamento.

Essa história, anterior à sua entrada no Lugar de Vida, anterior à conquista da 3ª série e do relatório escolar, pôde ser, alguns anos depois, escrita de forma diferente. Na 6ª série, as revistas constituíram a vontade, formulada em análise, de ser jornaleiro. Acreditamos aqui que elaborar essa questão foi efeito do trabalho analítico e também de sua circulação social, notadamente na escola, permitindo-lhe uma extensão significante, ou seja, abrindo-o a um outro *saber fazer* com as revistas. Elas podiam se prestar não só a ser procuradas, jogadas, folheadas, mas também a lhe conferir um outro estatuto: a de um possível campo de atuação profissional.

Na 7ª série, a biblioteca trouxe a marca da inclusão. Em dezembro de 2003, foi cenário de uma importante reunião na escola. Muito preocupada com a condição de Mateus, a equipe de coordenação entrou em contato com o Lugar de Vida, após sete meses de afastamento. Traziam à tona o fato de Mateus estar ficando cada vez mais agressivo com os outros e consigo mesmo " saía correndo atrás das crianças, batendo-lhes com a mochila; batia sua própria cabeça contra a parede; permanecia menos tempo dentro da sala de aula; gritava; dizia que os outros colegas estavam mexendo com ele". Além disso, ficava isolado na hora do recreio, indo para a sala dos professores, o que incomodava a muitos deles. Tinham, por um lado, pena de seu estado; por outro, medo de que ele machucasse as demais crianças. Devido a esses acontecimentos, e antes mesmo de retomar o contato com o Lugar de Vida, a escola encaminhou Mateus a uma instituição para deficientes mentais, situada na mesma região.

Tinham a intenção de que Mateus voltasse, de alguma forma, a ter um atendimento clínico[7]. Não podemos deixar de reconhecer, no entanto, que o encaminhamento não foi feito para qualquer outro lugar, mas sim para uma instituição especializada em deficientes mentais, que o tomou como paciente. Novamente, configurava-se uma tentativa de colar Mateus em algum lugar que pudesse responder totalmente a respeito de sua deficiência, que pudesse *ser o* seu lugar. Nem lá, nem cá. A "nova" instituição, após alguns meses, diagnosticou-o como não sendo um deficiente mental, porém permitiu que continuasse a freqüentá-la para um atendimento pedagógico individual.

Fragmentado em diversos locais, ameaçado de ficar sem lugar, sua história precisava ser novamente contada, construída. O Grupo Ponte voltou à cena para uma reunião conjunta na escola estadual freqüentada por Mateus, com a participação inicial da diretora e da coordenadora da escola, da profissional do Ponte, da coordenadora e da professora da instituição para deficientes mentais, e, ao final, também da professora da biblioteca e do próprio Mateus. Três instituições conversavam sobre fatos e intervenções significativos ocorridos em 2003 e, principalmente, sobre o lugar possível para ele no ano seguinte.

---

[7] Em agosto de 2002, a análise de Mateus havia sido interrompida no Lugar de Vida, por razões institucionais: idade avançada para o prosseguimento ali e afastamento de sua analista.

Na escola, a dúvida recaía sobre seguir ou não a orientação da Diretoria de Ensino e conceder a Mateus, antecipadamente, o atestado de conclusão do ensino fundamental. Caso não o fizesse, havia a opção de transferi-lo para a 8ª série no período da manhã, em que circulavam alunos mais velhos; do ensino médio; e "mais capazes de enfrentá-lo, colocando-lhe limites" ou, ainda, de mantê-lo à tarde com o grupo que já conhecia. Enquanto essas questões eram levantadas, Mateus entrou na sala, começou a mexer nos livros e a escutar a conversa. Convidamo-lo a sentar e participar: *"O que tinha entendido do que havíamos falado?"* Ele, de pronto, diz: *"Lugar de criança é na escola"*.

Mateus ainda sustentava aqueles significantes que marcaram a sua primeira inclusão, que lhe concederam um lugar social, permitindo-lhe um outro nome, diferente do deficiente, doente, autista, ou mesmo, do aluno de inclusão. Carregava designações como criança, escola, aluno simplesmente, menino. É também nesse contexto que podemos entender o seu pedido, dois anos antes, de que pudesse trocar o passe de deficiente pelo passe escolar[8]. Com então 13 anos, começava, como outros adolescentes, a querer circular por espaços variados, ir ao *shopping center*, com uma amiga ou sozinho. Não mais com a mãe ou como deficiente.

A partir daquela formulação, feita pelo menino, na biblioteca, supusemos, apostamos que a criança, ainda que não especificada, não dita em nome próprio (isto é, não elaborada como "o meu lugar é..."), era ele. Brincamos: *"E lugar de adolescente?" "Também"*, respondeu.

Prosseguimos pensando em como, ainda, possibilitar a ele um lugar na escola, isto é, como ele próprio poderia fazer para obtê-lo, ele implicado e não "implicante", "agressivo". Respondeu mostrando o caderno, dizendo que havia feito tudo; atormentado, queria saber se tinha passado. Falava de todas as provas realizadas e que ainda restava uma, a ser feita no dia seguinte. Deixaria de ir ao passeio

[8] Referimo-nos aqui ao bilhete, ao passe de ônibus.

agendado na outra instituição por causa daquela avaliação de Matemática. O imperativo da prova!

Tínhamos também conversado sobre essa questão – Mateus era um menino que se preocupava, na escola, com a prova. Não assistia às aulas, mas no dia da avaliação queria fazê-la e exigia que o professor explicasse, naquele momento, algo da matéria que lhe permitisse realizá-la. Isso posto, saía-se bem. Depois, no entanto, recusava-se a fazer de novo o exercício. Essa atitude levou o professor de História a deixá-lo com nota insuficiente, pois se questionava quanto ao fato de ele ter aprendido ou apenas decorado, por um instante. Legítimo questionamento, que nos permitiu pensar. A diretora formulou a hipótese de que Mateus denunciava e estava preso a um modelo de escola passado, em que o valor estava todo na prova. *"E o caderno, que ele faz tanta questão de deixar em ordem? Mesmo não ficando em sala de aula, copia a matéria das colegas, não é isso?"*, perguntei. *"Ele sabe que conta para a avaliação"*, foi a resposta.

Interrogávamos quais outras coisas também estavam sendo avaliadas e que faltavam a ele saber; que outros critérios e modelos existiam e eram exigidos do aluno?

De acordo com sua história, sabíamos que Mateus pedia e se acalmava com algo mais normativo, mais regrado, com uma rotina e critérios mais claros e definidos. A prova possuía uma regra clara; já o tipo de avaliação processual ainda estava implantado de maneira muito dúbia. Os professores não se faziam como referência, impossibilitados, por problemas diversos, de comparecer ao trabalho em sala de aula, deixando seus alunos durante muito tempo com os substitutos. Tornava-se difícil construir uma constância cotidiana que sustentasse esse *processo* para ele e talvez, até mesmo, para outros alunos.

Ao conversar, ao fazer circular a palavra entre nós, levantávamos hipóteses que pudessem dar conta do enigma do comportamento de Mateus. Se verdadeiras ou não, *só depois* saberíamos, com o decorrer do tempo. Elas permitiam, no entanto, dar um contorno ao que transbordava na relação da escola com ele, abrindo uma nova possibilidade de trabalho, onde antes existia a impotência.

Tendo nessas idéias um norte, estávamos todos mais tranqüilos, e Mateus pôs-se a falar sobre outras coisas, notadamente gibis e *videogame*. Perguntou algo e, como não entendi sua pronúncia, sem se abalar, ele pegou o caderno e escreveu a palavra que queria dizer. Apontei a mudança: em outros tempos, teria ficado furioso com o não-entendimento do outro, gritaria, brigaria, entre outras reações. A professora da biblioteca, que até então escutava tudo, calada, sorriu e disse: *"Eu tenho ensinado isso para ele, que ele pode escrever quando não entendemos o que ele fala"*. Resgatávamos ali, na biblioteca, o porquê da escola. No ano em que tudo parecia perdido, ele tinha aprendido um pouco mais sobre o ato da comunicação – saber fazer com a língua, com a escrita. Mais ainda, ao falar dessa sua aprendizagem, falava de sua relação com a linguagem, naquilo em que ela foi um tanto propiciada por seu acesso à instituição escolar.[9]

De uma maneira bastante diferente, inusitada, imperfeita mesmo, o menino mostrava que a escola tinha cumprido, pelo menos em parte, a sua função naquele ano. Preocupados se ele aprendia ou decorava, ele se dava à prova. Aliás, o imperativo da prova! De alguma maneira, nós lhe tínhamos pedido que provasse que seu lugar ainda era na escola.

Fim?

Os critérios para finalizarmos um acompanhamento seguem ordens diversas, mas podemos pensar que o primeiro e principal indício de que nosso trabalho chegou ao fim acontece quando a insti-

[9] Petri, ao escrever sobre a posição do educador e do analista, em *Psicanálise e educação no tratamento da psicose infantil*, diferencia linguagem e comunicação. Vale-se, para tanto, dos ensinamentos de Jacques Lacan, que "fala da palavra como o que humaniza o homem, que lhe dá seu estatuto, ao ser endereçada ao Outro que não é aquele semelhante, da comunicação – mas o Grande Outro da linguagem, tesouro dos significantes culturais. 'A palavra então, endereçando-se ao Outro, não é tanto comunicação, mas demanda que o sujeito faz ao Outro para ser reconhecido'" (Di Ciaccia, 1997. *In* Petri, R. p. 45). Palavra que constitui o sujeito-aluno, Mateus.

tuição escolar pode legitimar o próprio saber, o próprio fazer. Pode responsabilizar-se, responder por uma posição tomada, por um ato realizado, incluindo-se como agente e parte da história do aluno em questão. Isso não significa dizer que a escola precise responder a tudo, que necessite dar conta de tudo, ou que seu trabalho precise estar perfeito.

Quando uma instituição pode assumir-se naquilo que sabe e pode transmitir, naquilo em que deseja ou precisa aprimorar-se, está apta também a buscar uma melhor maneira de administrar o seu espaço, de imaginar, por exemplo, um projeto de escola e um currículo próprios, que sejam o possível dentro das condições oferecidas e que possam, por vezes, alterar as condições supostamente dadas como irreversíveis.

Dessa forma, pensamos que o Ponte pode sair quando a escola tem condições de se ver com pontos de falhas e trabalhar com eles, apesar deles; sem se deixar capturar por tudo o que falta – e sempre falta! -- na área educacional, em cada aluno, em cada professor, em cada gestor. Quando consegue não estar capturada pelo mandato de um Outro opressor, como um órgão fiscalizador, que desvaloriza, que não reconhece, que faz e desfaz planejamentos e projetos e obriga ao cumprimento de um ideal. Enfim, o momento da saída configura-se justamente quando a escola não precisa mais responder à inclusão ideal[10].

Na escola de Mateus, as condições não são perfeitas, as discussões não foram todas realizadas, a inclusão está longe de se ver completa. Um trabalho foi concluído, outros virão. Ela está, no entanto, implicada na situação de Mateus, responsabiliza-se por ele como um de seus alunos. Preocupa-se com seu percurso lá dentro, e com seu destino após a 8ª série, questão com a qual diversos educadores se vêem envolvidos, no momento de decidir quanto à aprovação ou retenção de alunos que alcançam essa etapa da escolarização.

[10] Para uma maior reflexão sobre a política da inclusão como uma medida administrativa pautada em um ideal de solucionar todo o problema, ver o artigo de Rinaldo Voltolini, neste livro.

Se a parceria entre o Ponte e a escola estadual de Mateus não foi completa, ela chegou ao seu fim, à sua finalidade. *Queremos* ainda conversar, em conjunto, sobre a passagem, isto é, sobre o encaminhamento da escolarização, da profissionalização ou qualquer que seja a nova escolha desse menino. *Queremos*, não necessariamente *precisamos*. Eis uma diferença. Afinal, todo fim traz um outro início que carrega consigo as incertezas e, principalmente, as margens abertas para desejarmos outros trabalhos e/ou sermos demandados a eles.

Nesse ponto, cabe avaliar também o tipo de demanda, a que ordem ela está submetida – um desejo (de quem?), uma necessidade (também: de quem?). Está ou deve estar ainda endereçada ao Ponte? Fim de uma etapa. O devir do caso, em aberto.

Referências bibliográficas

Baio, V. (2000). Les conditions de l'Autre et l'ancrage. *Les feuillets du courtil*, Publication du Champ Freudien en Belgique, 18/19, p.19-25.

Kupfer, M.C. (2000). *Educação para o futuro.* São Paulo, SP: Escuta.

Miller, J-A. (1996). Produzir o Sujeito? In *Matemas I.* Rio de Janeiro, RJ: Jorge Zahar Ed., p.155 – 161.

Petri, R. (2003). *Psicanálise e educação no tratamento da psicose infantil: quatro experiências institucionais*; São Paulo, SP: Annablume; Fapesp.

Rassial, J-J (1997). *A passagem adolescente: da família ao laço social.* Porto Alegre, RS: Artes e Ofícios.

Vanderveken, Y. (1993). Intervenção e Ato (M. C. Kupfer e I. Machado, trad.). In M. C. Kupfer, (org.). *Tratamento e escolarização de crianças com distúrbios globais do desenvolvimento.* Salvador, BA: Ágalma, 2000, p. 37-45.

Fui bobo em vir? – Testemunha de uma inclusão

Evelyse Stefoni de Freitas

"Com franqueza, estava arrependido de ter vindo. Agora que ficava preso, ardia por andar lá fora, e recapitulava o campo e o morro, pensava nos outros meninos vadios, o Chico Telha, o Américo, o Carlos das Escadinhas, a fina flor do bairro e do gênero humano. Para cúmulo do desespero, vi através das vidraças da escola, no claro azulado céu, preso por cima do morro do Livramento, um papagaio de papel, alto e largo, preso em uma corda imensa, que bojava no ar, uma cousa soberba. E eu na escola, sentado, pernas unidas, com o livro de leitura e gramática nos joelhos.
- Fui bobo em vir, disse eu ao Raimundo."

***Machado de Assis*, Conto de Escola**

Discutir a inclusão escolar torna-se um árduo trabalho se a pensamos de maneira conclusiva, ou se tomada no âmbito das generalidades. Nesse sentido, a psicanálise nos ensina que é no caso a caso que uma inclusão pode se dar.

Foram anos de travessias para nos perguntarmos quando termina o nosso trabalho. Assim, se hoje pensamos que ele pode ter um fim, não é por considerarmos que exista um momento em que não há mais o que fazer, ou seja, que a educação, e especialmente a chamada "educação inclusiva", não sofra mais de nenhum mal-estar.

Quando pensamos em inclusão escolar para as crianças e adolescentes da Pré-escola Terapêutica Lugar de Vida, temos um desafio a mais, pois, além da democratização do espaço escolar, esperamos da escola a oferta de um lugar social para essas crianças, algo próprio e legítimo do discurso escolar, ou seja, a oferta do lugar de aluno.

Nesse sentido, a inclusão escolar está para além do direito e do cumprimento da lei que ordena que todas as crianças estejam na escola. Quando pensamos na entrada de alguma criança da Pré-Escola Terapêutica Lugar de Vida, não é só porque ela precisa ser socializada, nem tampouco só porque precisa manter as "ilhas de inteligências" preservadas. Certamente é mais que isso. Pensamos na escola como lugar subjetivante das crianças que, por algum motivo, encontraram um obstáculo no processo de subjetivação.

História de uma inclusão

Frederico passou por quatro anos de tratamento na Pré-escola Terapêutica Lugar de Vida, e por conta de sua história e de seus avanços ele teve alta da montagem clínica, ou seja, da participação dos grupos terapêuticos.

"Acreditamos que Frederico precisa ter outros lugares de circulação, precisa estar incluído na escola, precisa poder circular, ainda que de sua maneira, porém, por lugares fora da loucura". Essas foram as palavras da analista e referência clínica, ao solicitar ao Grupo Ponte o acompanhamento da escolarização de Frederico.

Frederico contava com um atendimento psicanalítico que se encerraria em breve, devido à licença temporária de sua analista e também do direcionamento do tratamento pensado pela equipe do Lugar de Vida. Com isso, fariam a indicação de uma análise individual (fora da instituição) e de um acompanhamento escolar, no sentido de garantir a estada dele na escola.

O acompanhamento escolar se inicia. Na época, Frederico estava com 13 anos e freqüentava o quinto ano do ensino fundamental em uma escola de rede estadual.

Num primeiro momento, a escola solicitava ajuda em questões que não necessariamente diziam respeito ao Frederico, como violência, drogas, a chamada dificuldade de aprendizagem, entre outras. Havia disposição em estar com os professores para pensar sobre esses temas. E, ao final de cada reunião, quando eram lembrados do Frederico, havia sempre a mesma resposta: "*O Frederico está ótimo, não temos problemas com ele. Ele aprende tudo! É sempre o primeiro a terminar a lição e, quando vamos ver, está tudo certo*". Isso se repetia, preocupava. Os professores, em geral, diziam o quanto não tinham trabalho com esse aluno, que ele aceitava tudo, que fazia toda a lição, que não conversava com ninguém durante as aulas. Para elas, a classe é que não o ajudava, já que todos eram muito fracos se comparados com o Frederico.

Em uma das reuniões, pediu-se para que eles pensassem em um encaminhamento para essa questão. Depois de contar um pouco do funcionamento da classe e de como isso atrapalhava o Frederico, uma professora fez a proposta: "*Vamos mudar o Frederico de classe!*". Os professores começam então a avaliar qual classe seria ideal para ele, sem, no entanto, chegarem a consenso nenhum. Todas às classes teriam alguém, no entendimento deles, que serviria de empecilho para o desempenho do Frederico.

Nesse momento, um professor disse: "*Eu não acho que temos que mudar o Frederico de classe. Ele não é tão santo assim*". Esse professor contou que, no primeiro dia em que entrou na sala do Frederico, ele batia a cabeça de um de seus colegas no chão. Disse que logo tratou de separar a briga e de perguntar o que acontecia. Lembra que poucos conseguiram explicar o ocorrido e que percebeu uma esquisitice no jeito com que Frederico tentava relatar o fato. Para intermediar essa situação conflituosa, fez um acordo com a classe: "*Eu não vou mais admitir esse tipo de coisa, estamos combinados?*". Ainda diante de certo burburinho dos alunos, o professor disse: "*Vocês não mexam com ele, que ele não mexe com vocês*". Esse professor também se dispôs a intermediar outras ocorrências entre os alunos.

A partir desse relato, a discussão entre os professores tomou um rumo diferente. Passam a falar sobre as "esquisitices" que notavam no Frederico. Contam como os outros alunos eram sarcásticos com ele e que os "pontos fracos" dele já haviam sido descobertos pelos colegas. Como conseqüência, faziam brincadeiras com o objetivo de irritá-lo.

Por decisão da escola, Frederico, de fato, não foi mudado de classe. No entanto, continuava sendo visto como um bom aluno: aprendia tudo e não conversava. Porém, agora, com uma diferença: ele era também "esquisito".

As reuniões na escola se mantinham com a mesma periodicidade: mensalmente. Além disso, tínhamos notícias do Frederico por meio de uma professora que freqüentava nossas reuniões de professores. Alguns meses depois, os professores passaram a reclamar da "pegação" do Frederico, ou seja, reclamavam que o aluno ficava encostando, se esfregando nos professores – que chamavam isso de "pegação". Enquanto para muitos essa atitude era tida como um grande incômodo, para outros, não passava de uma "mania", que, no início, não era vista com nenhum viés sexual, ainda que ele apalpasse os seios de algumas professoras.

Num outro encontro, em que parte da conversa com os professores foi sobre essa tal "mania", a tal "pegação", o mesmo professor que havia interrompido a conversa anterior contou qual providência havia tomado com relação à atitude do aluno. Explicou o quanto isso o incomodava e que logo tratou de dizer ao Frederico que se ele quisesse andar ao seu lado, poderia fazê-lo, desde que não se mantivesse grudado, que não lhe encostasse a mão. Frederico passa a se portar assim com o tal professor.

Outras professoras diziam que até já haviam tentado dizer algo dessa ordem, mas que não houve efeito algum. Por que não? Por que as professoras não conseguiam barrá-lo? Por que não conseguiam falar sobre esse incômodo? Por que não admitiam a sexualidade no ato de Frederico?

Certamente não caberia no âmbito desse trabalho um questionamento quanto à maneira singular de cada professor se posicionar ante essas questões. No entanto, foi importante apontar para a dificuldade que a escola tinha, representada pela fala desses professores, em admitir o caráter sexual que havia em alguns atos de Frederico. Afinal, Frederico já era um adolescente que, como todos, estava às voltas com as questões sexuais.

Após o apontamento da questão, as professoras passam a chamar de "manias" o que antes era chamado de "pegação", admitindo, então, um possível viés sexual em sua atitude. Relatam como ele fazia a "medição" dos seios de cada uma e as comparava: *"O seu é maior que o dela"*. Contavam isso já com um tom envergonhado. Havia pudor!

Ao longo de mais alguns meses de acompanhamento, as queixas sobre as "manias" de Frederico diminuíram. As professoras começaram a relatar o que cada uma tinha feito para dizer ao garoto que não admitiriam mais tal atitude. Uma das professoras contou ter dito ao Frederico que ela era casada e que seu marido não gostaria que um aluno pegasse em seus seios. Disse também que, se ele continuasse com essa atitude, ela iria comunicar o fato ao marido. Apesar de ter relatado isso num tom de brincadeira, afirmou que Frederico nunca mais a tocou da mesma maneira. Além disso, contou que por vezes Frederico pergunta sobre o marido dela.

Vale acrescentar que as professoras observaram que, depois dessas providências, Frederico passou apenas a falar sobre os peitos de cada uma delas. Continuava comparando-os, porém, agora *isso podia se apresentar na fala, não mais na ação.*

Esse é um momento importante, uma vez que Frederico passou a ser visto como um aluno qualquer e, mais que isso, como um adolescente qualquer, para os quais esse tipo de atitude não é admitida no âmbito escolar. Além disso, a fala dessa professora faz a marca de uma *interdição*, ou seja, a fala está remetida a um *não*, em que advém do social, tal como a lei do incesto, que barra o sujeito na sua satisfação pulsional, abrindo, contudo, o campo do desejo. E se para Frederico essa fala foi tão necessária quanto importante, é porque sua questão passa exatamente onde a lei não se aplica.

Podemos também apontar que, no momento em que as professoras passam a se envergonhar de suas próprias falas e a se posicionar de forma diferente com o aluno, estava sendo oferecido a Frederico um outro significante: *adolescente*.

Kupfer (2000), quando aposta na educação terapêutica, que tem como um dos eixos do tratamento a inclusão escolar, está atenta para o poder do discurso escolar como designador de lugares sociais para a criança. Afirma:

> *"Aposta-se com isso no poder subjetivante dos diferentes discursos que são postos em circulação, no interior do campo social, com o intuito de assegurar, sustentar ou modelar lugares sociais para as crianças, levando em conta que, nesse sentido, o discurso (ou discursos) em torno do escolar é particularmente poderoso"* (p. 91).

Nesse sentido, a oferta desse *significante* adolescente para esse, de fato, adolescente, parece marcá-lo de forma expressiva. Quando esse significante é sustentado pela escola, atribuindo então esse lugar a Frederico, o aluno passa a se portar de maneira a fazer jus a tal lugar.

Contudo, ainda pensávamos nesse ideal de aluno que a escola mantinha e o quanto Frederico se encaixava nele. Afinal, se aprende tudo e não conversa, a escola não teria mesmo com o que se preocupar!

A escola não teria com o que se preocupar? Apesar de ter sido importante que a escola tenha oferecido, num primeiro momento, um lugar a Frederico, esse lugar precisava ser deslocado, de maneira que não o aprisionasse no ideal. Então nos apoiamos nas esquisitices de Frederico e (por que não?) da escola para apontar um outro caminho.

Frederico se recusava a estar com outras crianças, com algum semelhante. Preferia a companhia de professores, dos adultos. A escola, por sua vez, permitia que Frederico não se juntasse aos colegas no horário do recreio e que ficasse num *hall* entre a secretaria e a sala dos professores, esperando a volta para a sala de aula. Esse fato, nesse momento, passa a ser atentado pelos professores. Os professores falavam sobre os privilégios que Frederico tinha no âmbito escolar, dada a dificuldade da maioria de tratá-lo com um aluno qualquer.

Nomeio *privilégios* porque não era pedido ao Frederico que ele se submetesse às regras que eram destinadas aos demais alunos. Se uma prova em grupo era aplicada e Frederico dissesse que preferia fazer sozinho, ele podia. No caso de trabalhos em grupo, a mesma coisa. Ao terminar a lição primeiro que os outros, ele tinha a permissão para fazer a tarefa de casa na classe. Se ele não queria participar da aula de educação física, podia ficar apenas assistindo. Se durante o recreio ele não quisesse ficar no pátio, como as outras crianças, ficava então no *hall*, onde era proibida a entrada dos outros alunos, a não ser que tivessem algo a tratar com a equipe técnica da escola. Esquisito, não?

Após pouco mais de um ano de acompanhamento, a escola passou a não mais solicitar a presença do profissional do Grupo Ponte nas reuniões de professores. No entanto, foi interessante perceber que, após esse distanciamento de alguns meses, promovido pela escola, o profissional do grupo foi convidado para uma reunião, na qual os professores passaram a contar as mudanças que aconteceram.

De acordo com os professores, eles passaram a ser "mais duros" com Frederico, reafirmando as regras a cada momento em que ele se opunha a elas. Diziam: *"Se a prova é em grupo e você não quer fazer dessa maneira, você ficará sem nota"*. E ele aceitava. Como conseqüência, os professores destacaram que os outros alunos da classe passaram a vê-lo de forma diferente. Se antes o tinham como um menino esquisito, agora passaram a considerá-lo inteligente. Assim, surge o significante inteligente, que o representa junto à turma.

Apesar de aceitar permanecer em grupo, Frederico continuava a fazer provas sozinho. E isso, por algum tempo, pôde ser tolerado. Os professores contam que muitos alunos tiravam proveito da situação, mas ainda assim deixaram que isso acontecesse durante um tempo. A estada em grupo passou a facilitar que Frederico fosse escolhido pelos outros colegas quando havia alguma atividade coletiva.

Certamente tudo isso não se dava de maneira homogênea entre todos os professores, nem ao mesmo tempo. Tanto que, nessa mesma reunião, uma professora contou que sempre cedia aos "caprichos" de Frederico e que, além disso, não sabia que ele já estava fazendo algum trabalho em grupo em outras aulas. Antevendo que Frederico poderia querer ficar sozinho, ela já tirava uma cópia a mais da prova que seria aplicada em grupo, no dia seguinte. Apesar de saber desse fato, ela cedeu às solicitações do aluno, mais uma vez.

A princípio, esse foi o ganho obtido com as reuniões, uma vez que, após cada encontro, era possível perceber que a escola se posicionava de forma diferente com Frederico. As reuniões na escola também serviam para que as informações pudessem circular. Permitiam que os professores conhecessem como cada um procedia e os limites e as possibilidades que encontravam no trato com esse aluno.

Chamamos de acompanhamento escolar, uma vez que o Grupo Ponte não se propõe a fazer um acompanhamento das crianças dentro das escolas, nos moldes do acompanhamento terapêutico. Esperamos que, quando a equipe clínica sugere a entrada da criança ou do adolescente na escola, é porque eles se encontram minimamente em condições de freqüentá-la. Aqui se explicita o nosso posicionamento sobre a inclusão escolar, ou seja, que ela não deve ser feita a qualquer custo.

Sendo assim, o acompanhamento do Grupo Ponte diz respeito a um cuidado, um apoio, uma parceria que é oferecida às escolas, para que se possa garantir não só a permanência do, então, aluno, no âmbito escolar, como também de garantir que a escola possa arrumar, ela mesma, uma maneira de lidar com esse aluno da forma que lhe for possível. E, assim, não destituindo o valor social e o saber (saber, não-todo, é claro) que a escola possui. Isso possibilita implicar a escola com seu próprio fazer, ciente de que ela não vai, de fato, dar conta de resolver todas as questões decorrentes de sua prática, contudo sem destituí-la de sua responsabilidade.

Um outro momento importante no acompanhamento de Frederico se deu quando a coordenadora da escola contou sobre a diminuição das faltas do aluno às quintas-feiras. Nesse dia da semana, Frederico participava de uma oficina terapêutica em outra instituição, o que dificultava sua chegada a tempo de assistir à primeira aula. As ausências aconteciam há mais de um ano. A escola já tinha tentado alguns manejos anteriores, no sentido de garantir que Frederico não perdesse tantas aulas, mas não obtivera resultados.

No entanto, ao contar o fato, a coordenadora acrescentou que Frederico tinha dito a ela, na presença da própria mãe, que a fim de não perder todas as primeiras aulas às quintas-feiras, ele passaria a ir quinzenalmente à oficina terapêutica e, portanto, quinzenalmente à primeira aula. A coordenadora tomou a fala dele como uma escolha já feita e isso teve repercussões importantes. Ressaltaremos algumas delas.

Inicialmente, Frederico, com essa escolha, aponta para a saída dessa posição de *privilegiado*, lugar no qual a família costumava colocá-lo e em que, de alguma forma, a escola também o matinha. Essa escolha aponta ainda para um distanciamento não só do posto de privilegiado como também do de louco, uma vez que Frederico opta por estar na escola em vez de estar no tratamento.

Naquele ano, a primeira aula de quinta-feira era a de inglês; além de Frederico parecer gostar muito da matéria, também mantinha uma boa relação com a professora. A princípio, havia uma dedicação intensa dela quanto ao processo de inclusão desse aluno, algo quase da ordem de uma colagem, uma alienação. Ela tomava para si toda a responsabilidade que seria de toda a escola quanto ao processo de inclusão desse aluno. Além do que, implicava-se, quase pessoalmente – entendido como distinto do seu lugar de professora com essa tarefa.

Foi interessante notar que nesse momento a professora parecia poder estar mais descolada de Frederico. Assim, dizia o quanto tinha tentado promover um deslocamento da posição de Frederico frente à turma. Não mais o deixava à mercê dos privilégios que antes tinha, implicando-o a seguir as mesmas regras, e se assim não o fosse, submetendo-o à mesma punição que qualquer outro aluno.

Prova disso, foi a professora ter sustentado o posicionamento de que se Frederico faltasse a todas as primeiras aulas significaria que ele cumpriria apenas 50% do tempo de aula e, conseqüentemente, estaria reprovado em sua matéria. Em outro momento, essa mesma professora passava quase a comemorar as broncas dadas em Frederico, ocasionadas por ele estar virado para trás, conversando com alguém. Se num primeiro momento, Frederico podia se relacionar apenas com os adultos, agora passava também a estar próximo dos colegas.

Ainda na mesma reunião, a coordenadora nos convidou para presenciarmos a hora do recreio, acrescentando que ela mesma, sempre que possível, havia se incumbido de tirar Frederico do *hall*, para que ele ficasse com os demais alunos.

Nesse instante, deu-se uma nova surpresa: Frederico, contrariando o que os professores sempre diziam, desceu de sua classe para o pátio da escola e, lá, perdeu-se entre os outros. Entrou na fila do lanche, comeu rapidamente o que lhe foi oferecido e começou a correr pelo pátio. Em seguida, foi cumprimentar a profissional do Ponte, que se encarregava do acompanhamento escolar, a qual lhe apresentou duas estagiárias do grupo dizendo: "*Essas são minhas amigas que trabalham comigo*". Frederico pegou a mão da profissional do Ponte e foi passando de grupinhos em grupinhos, falando o nome de cada um de seus colegas. Nesse momento Frederico dá mostra de que podia estar com os outros alunos, com os amigos. Podia circular, ainda que de sua maneira, por vezes estranha, em um lugar socialmente marcado como fora da loucura. Podia estar na escola.

Assim, quando pensamos em tarefa cumprida, não significa que acreditamos que o aluno ou a própria escola não enfrentarão mais dificuldades ou contratempos, nem tampouco que não haja mais o que ser feito. É justamente o contrário. Há e sempre haverá muito trabalho quando falamos de inclusão escolar. Contudo, nossa saída, ou seja, o término do acompanhamento passa a ser pensado, neste caso, como uma maneira de atestar para o aluno, para a escola e para a família que a tarefa de incluí-lo estaria cumprida. Além de, é claro, apostar que a estada de Frederico como aluno dessa escola já poderia ser garantida, não só pela instituição, mas também, de alguma maneira, por ele próprio.

Referência bibliográfica

Kupfer, M.C.M. (2000). *Educação para o futuro.* São Paulo. SP. Ed. Escuta.

Inclusão escolar: inclusão de professores?[1]

Marise Bartolozzi Bastos

A inclusão escolar vem sendo alvo de vários estudos, pesquisas e debates, sobretudo nos últimos vinte anos no Brasil, e vem despertando amplo interesse de pais, educadores, pesquisadores e órgãos governamentais em discutir as diferentes questões em torno desse tema que se mostra bastante polêmico.

Pensar a escola na condição de um espaço público privilegiado para a construção da cidadania e tomá-la como um instrumento social que possibilite avançar na direção de uma sociedade que não segrega o diferente é uma pretensão sem dúvida louvável que, no entanto, pode incorrer em graves equívocos.

Se, há trinta anos, tinha-se como desafio montar escolas especializadas para crianças portadoras de dificuldades especiais que não podiam ser atendidas em suas particularidades no sistema educacional regular, hoje o desafio é "desinstitucionalizar" essas crianças e trazê-las para o convívio com outras na escola regular.

A *educação para todos* tem merecido especial destaque em nossa política educacional desde 1994, quando a *Declaração de Salamanca*, aprovada pela Conferência Mundial da Unesco, tornou-se referência básica de toda discussão que ponha em pauta princípios, políticas e prá-

[1] Este texto retoma algumas idéias discutidas pela autora em sua Dissertação de Mestrado apresentada no IPUSP sob o título *Inclusão escolar: um trabalho com professores a partir de operadores da psicanálise*, em 2003.

ticas em educação especial com o objetivo de promover que crianças e jovens com necessidades educativas especiais sejam incluídos em escolas regulares, observando o princípio da escola inclusiva.

Inclusão passou a ser a palavra de ordem política e social, após a regulamentação de leis federais e estaduais que decretaram a obrigatoriedade de toda escola ter que receber crianças com todos os tipos de dificuldade. Se por um lado, os órgãos oficiais levantam a bandeira da escola inclusiva, por outro, nenhum ministério adverte que: *"a inclusão de crianças com necessidades especiais pode ser prejudicial à saúde mental dos educadores"*...

E assim, em nome de princípios democráticos que pregam a educação para todos, o que se observa hoje na rede de ensino são inúmeros profissionais transtornados pela falta de preparo ante uma tarefa que lhes parece hercúlea, e também mergulhados em dúvidas, ansiedades e incertezas sobre como viabilizar a concretização de tal proposta.

A proposição, disposta nas leis, de que todas as crianças têm direito de ir à escola não garante que elas possam usufruir de um processo de escolarização nos moldes implantados pela pedagogia vigente. Sabe-se que em muitas escolas os mecanismos de segregação são levados para dentro das salas de aula quando, por exemplo, se justifica a separação dos alunos como algo pedagogicamente necessário, com o pretenso objetivo de trabalhar com classes supostamente homogêneas.

No trabalho da Pré-escola Terapêutica Lugar de Vida, o tratamento da criança psicótica tem apontado que o psicanalista precisa contar com a parceria dos educadores ao propor a inclusão dessas crianças na escola como uma direção possível desse tratamento que denominamos *educação terapêutica*[2].

Sendo assim, se um dos eixos do trabalho desenvolvido passa pela via da escolarização, como buscar na escola regular uma parce-

[2] Segundo Kupfer, "A educação terapêutica é hoje o campo teórico sobre o qual se assentam as práticas da Pré-escola Terapêutica Lugar de Vida". Ver: Kupfer, M.C. M (2000). *Educação para o futuro. Psicanálise e Educação.* São Paulo, SP: Escuta.

ria possível para esse tratamento e quais os impasses vividos pelos professores no trabalho diário com essas crianças?

Questões como essas têm sido alvo de constante reflexão no trabalho realizado pelo Grupo Ponte, que tem por objetivo propiciar a inclusão e fazer o acompanhamento da escolarização das crianças em tratamento na Pré-escola Terapêutica Lugar de Vida, quando elas já têm condições de ingresso na escola regular.

Revela-se, portanto, um compromisso ético importante poder acompanhar as vicissitudes desse pedido de inserção escolar, tanto no que diz respeito à criança, quanto no que diz respeito aos professores envolvidos no processo.

Desse modo, uma das atividades do Grupo Ponte é oferecer aos professores, coordenadores e diretores que recebem as crianças do Lugar de Vida, assessoria para o desenvolvimento de seu trabalho, o que inclui, além de visitas periódicas às instituições escolares, a possibilidade de participação nas reuniões mensais da equipe, destinadas a esses profissionais, visando à criação de um espaço de interlocução entre educadores que se engajam no processo de inclusão.

O trabalho do Grupo Ponte foi indicando que a oferta de um espaço de fala para esses professores mobiliza o desejo de discutir a realidade escolar e de pôr em questão as práticas pedagógicas vigentes na escola. A princípio, nota-se que os educadores procuram as reuniões do Grupo Ponte com a expectativa de que receberão ali algum tipo de "manual de instrução" que os auxilie na tarefa de trabalhar com esses alunos ditos "diferentes". O trabalho de escuta parte de um acolhimento dessa demanda imaginária, mas em vez de fornecer respostas que fechem suas interrogações, a equipe sugere que relatem suas experiências aos colegas, ampliando o fórum de interlocução e propiciando outros desdobramentos de suas perguntas. Isso possibilita uma circulação discursiva que permite ao professor sair de um lugar cristalizado de queixa para poder lançar novas questões sobre sua prática educativa e sobre a instituição escolar.

Nos relatos que fazem, é comum os educadores manifestarem-se surpresos em relação às mudanças que observam em seus alunos e que *não* avaliam como um efeito do trabalho que estão desenvolvendo com eles; é comum dizerem: *"eu não sei o que eu fiz, mas vejo que ela (a criança) mudou; às vezes eu me lembro que quando ela entrou na escola nem falava, não sei dizer o que eu ensinei a ela, mas sei muito bem o quanto ela me ensinou"*.

Observa-se, portanto, a importância de o professor poder resgatar o trabalho que desenvolveu com a criança, por meio do relato que é convidado a fazer diante do grupo. Sendo assim, não por acaso, a equipe pede ao educador que conte sobre o trabalho com essa criança desde o ingresso dela na escola, pois ao retomar a experiência vivida o professor passa a se dar conta do caminho trilhado e pode ressignificar o percurso de seu fazer pedagógico com esse aluno.

Ouvindo os relatos dos educadores sobre suas dificuldades com essas crianças em sala de aula, o Grupo Ponte foi levado a pensar sobre a importância de um trabalho de escuta com esses professores, que se mostravam ávidos em poder falar, não só da criança dita "diferente", mas dos impasses de seu trabalho com todas as crianças com dificuldades diversas.

Nesse sentido, a equipe verificou ser possível desenvolver um trabalho com o grupo de professores composto pela *escuta analítica* e por *intervenções específicas*, com o objetivo não só de localizar a posição dos alunos na estrutura discursiva da escola, como também para se obter deslocamentos nas posições subjetivas dos professores em relação à problemática de seus alunos.

Sabe-se, contudo, que a escuta psicanalítica na clínica convencional é aquela que se propõe a escutar o sujeito do inconsciente, sujeito do desejo, mas se estamos trabalhando em um dispositivo tão distinto daquele que os psicanalistas chamam de tratamento padrão, o que nos autoriza denominar o trabalho desenvolvido no Grupo Ponte de uma *escuta analítica*?

Esse trabalho de escuta toma como um importante ponto de referência teórica as contribuições feitas por Oliveira (1999), que discute e teoriza a escuta psicanalítica no grupo de pais no tratamento institucional de crianças psicóticas afirmando que:

> *"...se o grupo é suposto como estrutura discursiva, o que está em jogo é a relação de fala e não a relação das pessoas. Essa suposição permite trabalhar com os grupos numa referência à linguagem, ao simbólico, à lei e portanto à castração e à separação. Essa articulação da nossa prática clínica com essa concepção de grupo parece oportuna, justamente porque nos permite considerar os aspectos do coletivo e do particular numa mesma estrutura"* (p. 160).

Esses princípios teóricos já vêm norteando a prática analítica no Lugar de Vida onde se faz o atendimento da criança e dos pais. Para os profissionais que trabalham na instituição, a instalação de um dispositivo de escuta para o discurso dos pais se faz necessária desde a demanda inicial de cura dirigida por eles à instituição e deve ser mantida durante todo tratamento institucional da criança.

Se a instituição entende a direção do tratamento dessa criança como educação terapêutica, visando a seu possível ingresso na escola regular, deve-se pensar, a partir desse ponto, em incluir o professor nesse trabalho institucional. Sendo assim, o trabalho com professores no Grupo Ponte foi revelando que, se há professores e alunos enlaçados em uma estrutura discursiva, a escuta fornecerá elementos para que se situe a posição do aluno na estrutura discursiva da escola. Isso fica claro quando os professores que participam das reuniões, ao tomarem a palavra, demonstram sua inquietação de não falar ali apenas em nome próprio como também se preocupam em marcar sua posição de integrantes de uma estrutura escolar que dita normas e funcionamentos ante os quais eles, muitas vezes, sentem-se impotentes e incapazes de operar mudanças.

Cabe lembrar que o trabalho de *escuta* realizado no Grupo Ponte toma o grupo de professores como uma estrutura discursiva e, portanto, o que está em jogo e deve ser *escutado* é a relação de falas (as produções discursivas) e não a relação entre os participantes. A proposta teórica que aqui se apresenta é de que essa prática de trabalho deveria figurar no campo de uma *clínica psicanalítica ampliada*, uma vez que o trabalho com esses professores faz parte do tratamento das crianças psicóticas e autistas atendidas na instituição. Sendo assim, essa *escuta* específica feita no Grupo Ponte poderia ser pensada como um dispositivo de uma *clínica ampliada*, no sentido de uma ampliação do campo freudiano originalmente construído para o tratamento das neuroses.

É sabido que esse é um terreno bastante delicado no meio psicanalítico, pois há psicanalistas mais ortodoxos que não reconhecem nas práticas institucionais e de grupo formas legítimas de exercício da psicanálise. Contudo, há aqueles que defendem e teorizam novas propostas de práticas psicanalíticas institucionais e afirmam que o campo da clínica psicanalítica pode ser ampliado, uma vez que a própria prática clínica com crianças já não se confunde com o tratamento-padrão, pois inclui a escuta aos pais.

Portanto, a questão que se levanta é: como encontrar operadores na teoria psicanalítica que permitam trabalhar com esse dispositivo de clínica ampliada no trabalho institucional?

A teoria dos quatro discursos na clínica ampliada

Godino Cabas (1982) lembra-nos que Saussure marca dois níveis passíveis de análise no fenômeno da linguagem: a língua como estrutura de signos independentes do sujeito e, portanto, universal, e a fala como o exercício desta estrutura por parte do sujeito. Temos aí o social da língua e o individual da fala.

> *"Lacan é quem introduz, como noção intermediária, a noção de discurso. (...) as reflexões lacanianas não estão centradas sobre uma teoria da língua, nem sobre uma teoria da fala, mas sobre uma teoria do discurso. (...) o*

discurso é a realização individual de todo o social que há na língua" (Cabas, 1982, p. 70).

Pode-se então dizer que *o discurso* situa-se a meio caminho entre a fala e a língua, e parece que participa de ambos os fenômenos: ser social e ser individual. Desse modo, o discurso não é aquilo que se diz, não é o discurso concreto produzido pela fala de alguém, mas um liame social instaurado pelo instrumento da linguagem, que determina certas relações estáveis que são modalidades de relação social.

No *Seminário 17: o avesso da psicanálise* (1969-70), Lacan formula a teoria dos quatro discursos marcando a existência de um *discurso sem palavras*, discurso como estrutura que permeia todo laço social. Todo discurso é, portanto, um instrumento de linguagem que instaura certo número de relações estáveis estabelecendo modos de relação social que Lacan irá formular em termos de quatro modalidades discursivas: *o discurso do mestre, o discurso universitário, o discurso da histérica* e *o discurso analítico.*

Deve-se lembrar que essa classificação de Lacan é feita a partir do agente do discurso tendo-se, então, quatro diferentes lugares: o *lugar do agente* – de onde podemos falar ou interpelar o outro; a seguir, devemos verificar em que lugar o outro fica posto a partir da fala do agente – o *lugar do outro*; essa palavra endereçada ao outro tem um efeito que Lacan nomeia como produto do discurso – o *lugar da produção*; e essa produção tem uma outra causa, mais verdadeira que o agente do discurso e que é a verdade, motor do discurso, em nome da qual fala o agente – o *lugar da verdade.*

Sendo assim, sempre que falamos estamos posicionados em determinado lugar, de agente do discurso, e situamos o outro em uma dada posição, realizando certa produção que tem a ver com uma determinada verdade. Esses lugares são descritos por dois binômios interligados por uma seta:

$$\frac{\text{agente}}{\text{verdade}} \rightarrow \frac{\text{outro}}{\text{produção}}$$

Nas palavras de Lacan (1969-70),

> *"Os discursos em apreço nada mais são do que a articulação significante, o aparelho, cuja mera presença, o* status *existente, domina e governa tudo o que eventualmente pode surgir de palavras.* ***São discursos sem a palavra, que vem em seguida alojar-se neles.*** *Assim, posso me dizer, a propósito desse fenômeno embriagador chamado* ***tomar a palavra****, que certas demarcações do discurso nas quais isto se insere seriam talvez de tal natureza que,* ***vez por outra, não se a toma sem saber o que se está fazendo"*** (p. 158; destaques nossos).

Nesse sentido, ao tomar o grupo de professores como um discurso, pode-se analisar o tipo de laço social que aí comparece e os diferentes efeitos produzidos nos sujeitos desse processo. Aquilo que insiste na fala de um grupo não deve ser tomado no âmbito da singularidade de um sujeito, mas como produto da rede discursiva que atravessa todo grupo.

A experiência de trabalho com professores mostra que promover a explicitação das produções discursivas em jogo tem como efeito o que Lacan (1958) chama de *confrontação*, marcando o que distingue, radicalmente, essa intervenção de uma interpretação.

Em seu texto *A direção do tratamento e os princípios de seu poder* (1958), Lacan discute o lugar da interpretação na direção do tratamento e marca a diferença entre o que é da ordem de uma interpretação (que aponta para o fantasma, para o sujeito do desejo) e o que é da ordem de uma confrontação do sujeito com seu próprio dizer, afirmando que:

> *"... uma formulação articulada para levar o sujeito a ter uma visão (*insight*) de uma de suas condutas (...) possa receber um nome totalmente diferente, como*

> *confrontação, por exemplo, nem que seja a do sujeito com seu próprio dizer (...) simplesmente por ser um dizer esclarecedor"* (p. 598).

Portanto, o objetivo do trabalho com um dispositivo grupal é pelo fato de se acreditar que a troca de experiências e a interlocução entre pares possibilitam que os professores se interroguem a respeito das diferentes significações atribuídas aos sintomas dessas crianças, além de permitir uma ampla reflexão sobre o mal-estar que reina no campo da educação.

Pelos relatos que cada professor faz diante do grupo, vê-se a importância de esse profissional poder resgatar e se apropriar do trabalho que está desenvolvendo com a criança, pois partindo da premissa de que o que se desenvolve no grupo é uma rede de linguagem, essa fala pode assumir novos significados à medida que o professor se vê *confrontado* com o seu próprio dizer.

Nota-se que esse "dizer esclarecedor" possibilita que o professor possa se dar conta de sua implicação com aquilo que, num primeiro momento, era visto como um problema exclusivo da criança e a respeito do qual ele só podia lamentar, queixando-se da falta de recursos e preparo tanto dele como da escola.

As intervenções da equipe sempre seguem uma linha de levantar questionamento dessas produções discursivas tendo como objetivo *o fazer-dizer,* a respeito do mal-estar gerado por esses alunos tão diferentes, e o *dizer esclarecedor,* buscando alguma implicação subjetiva do professor com o seu próprio dizer, na tentativa de evidenciar que, *vez por outra, não se toma a palavra sem saber o que se está dizendo.*

Vê-se que essa escuta que implica o outro em uma confrontação com seu próprio dizer contribui para que se instalem, no lugar das certezas, perguntas e questões referentes às interpretações que os professores dão às atitudes "estranhas" dessas crianças, tornando possível aos educadores pensar um trabalho de inclusão escolar pautado na singularidade de seus alunos.

Em cena: a escuta analítica, a confrontação e o giro discursivo

No início do ano, o professor de uma escola da rede oficial vem pela primeira vez à reunião do Grupo Ponte, e conta que tem em sua classe, de 3ª série, uma criança do Lugar de Vida, o aluno José:

> *"Ainda não o conheço bem, mas noto que ele é agitado; saía muito da sala e agora retorna quando eu chamo a sua atenção. Eu penso que ele tem alguma* ***deficiência mental****, porque ele não é como os outros alunos, tem comportamentos diferentes dos outros, a gente logo percebe que a criança não é como as outras. Desde o primeiro dia de aula eu pensei que ele seria um desafio e comecei a pensar como faria para trabalhar com ele, comecei a ler algumas coisas...".*

Nesse ponto é feita uma intervenção de um profissional do Grupo Ponte, perguntando o que fez o professor pensar que aquela criança é deficiente mental, e a resposta do professor é imediata: "Bem, se não é, parece. Ele não tem um jeito muito normal".

Outros professores tomam a palavra, e instaura-se, no grupo, uma polêmica discussão a respeito de normalidade, deficiência, diferenças, expectativa dos professores em relação a seus alunos, respeito às singularidades, problemas de aprendizagem. Todos falam um pouco, mostrando os diferentes pontos de vista, e a equipe do Ponte encarrega-se de "coordenar" a discussão, garantindo a palavra a todos que desejam dar sua contribuição.

Ao final da rodada, mas sem esgotar o assunto, a questão é posta, novamente, para que o professor diga o que ele vê de "anormal" nessa criança. E, assim, ao se *confrontar* com sua fala, ele acaba dizendo: "Como eu disse para vocês, eu ainda não o conheço bem, talvez ele seja, então, meio esquisito para mim. Desde o primeiro dia, fiquei pensando que José seria um desafio e eu me pus a pensar como trabalhar com ele, por isso vim até aqui".

Nota-se que quando o professor é interpelado em sua afirmação de que a criança tenha alguma deficiência mental, o grupo vê operar uma desconstrução imaginária[3] sobre o que venha a ser uma deficiência. É como se o professor, num primeiro momento, partisse de uma suposição imaginária de que aquilo que ele "vê" no aluno, o modo pelo qual ele pensa essa questão da deficiência certamente é compartilhado por todos que estão presentes na reunião. No entanto, ao ser confrontado com sua afirmação, o professor se vê lançado a interrogar-se sobre aquilo que era da ordem de uma certeza, pois mesmo que ele não tivesse clareza de qual a deficiência em questão, algo lhe parecia certo: esse aluno não é como os outros, não é normal, portanto, *deficiente*.

Observa-se como a circulação discursiva favorece essa desconstrução, uma vez que aparecem diferentes posições a respeito do tema, e o professor não encontra no grupo "o espelho" que reflete e ratifica a certeza da sua afirmação. Justamente ao contrário, ao deparar com "a diferença" nas opiniões, rompendo a ilusão da dualidade, da completude e entrando em contato com a falta, com a dimensão simbólica, ele se reposiciona, podendo assumir uma nova proposição: *"...talvez ele seja, então,* ***meio esquisito para mim"***.

Nota-se, aqui, como a circulação discursiva põe em ação as leis da linguagem, pois junto do significante *deficiência* (S1) não vem colado ou fixado seu significado, para o desassossego de nosso professor, que, após participar da rodada de discussão sobre o tema, defronta-se com a multiplicidade de sentidos que podem ser atribuídos ao significante deficiência. Se, num primeiro momento, *deficiência (S1) é anormalidade (S2)*, após a circulação discursiva que permite o deslizamento da cadeia significante, vemos o professor retificar sua posição de certeza: *"talvez ele seja, então, meio* ***esquisito****..."*.

---

[3] O registro do imaginário é o registro do engodo caracterizado por uma relação à imagem do outro, tomada pela via da identificação, que resulta em uma relação especular, de caráter dual, promovendo uma indistinção entre o si e o outro. Ver: Chemama, R. *et al.*(1995). *Dicionário de psicanálise.* Porto Alegre, RS: Artes Médicas.

É importante assinalarmos ainda que a desconstrução imaginária também abriu a possibilidade de o professor dar-se conta de sua implicação subjetiva como falante, reconhecendo sua posição de sujeito no discurso, ao ser capaz de perceber que é a partir da sua singularidade que ele toma essa criança como deficiente mental: *"... meio esquisito* ***para mim****"*.

Quanto ao giro discursivo, observa-se o professor chegando à reunião agenciando o discurso universitário, falando em nome de um saber constituído sobre a deficiência mental e pondo o aluno no lugar de objeto/categoria a ser dissecado – *aluno deficiente mental.* O fato de não encontrar respaldo no grupo para sua modalidade discursiva, contudo, obriga-o a deparar com a quebra no liame de sustentação desse discurso denunciando, então, que sua fala é um aparelho de linguagem a serviço de algo que ele mesmo desconhece.

Desse modo, a confrontação de sua "teoria" com aquilo que a circulação discursiva aponta, fazendo emergir diferentes teorizações sobre o tema e dando novos sentidos ao significante deficiência, mostra que essa dinâmica de reunião, ao não produzir respostas fechadas e ao manter a questão em aberto, permite que o professor faça um giro em sua produção discursiva e se lance a agenciar um novo discurso, na tentativa de produzir algo diferente.

Sendo assim, se o que estava em jogo na fala do professor, a princípio, era o discurso universitário:

$$\frac{S2}{S1} \rightarrow \frac{a}{\$} \quad \frac{\text{saber sistemático sobre a deficiência}}{\text{saber que tampone a falta}} \rightarrow \frac{\text{aluno objeto}}{\text{alienação da questão singular}}$$

Quando os profissionais do Grupo Ponte abrem a interlocução para o grupo e o professor (agente do discurso universitário) não encontra respaldo para sua modalidade discursiva e confronta-se com suas colocações, produz-se aqui a emergência do discurso analítico, pois os profissionais da equipe, ao não responderem do lugar de fala a que estavam destinados (pelo discurso universitário), abrem um novo lugar que passam a agenciar como *objeto a,* lugar do silêncio, o que implica que *o outro* (eis aqui a nova posição do professor) tenha de confrontar-se com o seu próprio dito. Portanto, é no *giro discursivo* que emerge o discurso analítico, ou seja, na passagem de um discurso ao outro, enquanto *posição ética discursiva.*

$$\frac{a}{S2} \rightarrow \frac{\$}{S1} \qquad \frac{\text{silêncio / não resposta}}{\text{saber inédito}} \rightarrow \frac{\text{a queixa vira enigma}}{\text{significantes da queixa/ outras implicações}}$$

Seguindo as indicações de Lacan: "*... eu diria agora que desse discurso psicanalítico há sempre alguma emergência a cada passagem de um discurso a outro (...)* ***há emergência do discurso analítico a cada travessia de um discurso a outro***" (1972-73 p. 26; grifo nosso).

A equipe do Grupo Ponte, ao promover a circulação discursiva, *não* permite que o grupo assuma o lugar de destinatário *(o outro)* a que o *agente* do discurso o remete; com isso, essa modalidade discursiva (discurso universitário) não opera, obrigando o *agente* a agenciar o discurso de uma outra forma.

Nesse fragmento relatado vê-se, então, o professor sair da posição de agente do discurso universitário e instalar-se no lugar de agente do discurso da histérica que busca, agora, o mestre para dar conta de seu mal-estar: "*eu me pus a pensar como trabalhar com ele,* ***por isso vim até aqui***".

Após o giro discursivo, instala-se um novo discurso, o discurso da histérica:

$$\frac{\$}{a} \rightarrow \frac{S1}{S2} \qquad \frac{\text{que fazer com o aluno}}{\text{os "\textit{psis}" nada sabem de educação}} \rightarrow \frac{\text{Grupo Ponte sabe}}{\text{respostas}}$$

Nota-se que essa *escuta* que implica o outro em uma confrontação com seu próprio dizer contribui para que se instalem, no lugar das certezas, perguntas e questões referentes às interpretações que os professores dão às atitudes "estranhas" de seus alunos. São visíveis os efeitos desse trabalho de escuta que possibilita que as intervenções atuem na dinâmica que precipita a báscula, o giro, de um discurso ao outro, fazendo emergir o discurso analítico.

A importância desse trabalho com os professores se dá, não só no sentido da acolhida de suas experiências – sustentação imaginária – como na direção oposta, de produzir "furos" no imaginário, trabalhando com as idealizações que imperam no campo educativo para dar lugar ao simbólico, a um fazer que seja da ordem de um possível.

Essa dinâmica de reuniões possibilita ao grupo de professores fazer um giro nas suas produções discursivas, produzindo algo diferente. Uma vez que não obtêm respostas fechadas de como devem proceder e conduzir-se em sua tarefa educativa, os professores se vêem lançados a criar seu próprio fazer educativo pautado na singularidade de seu aluno, não negando a sua condição de sujeito.

Pode-se afirmar que, embora o trabalho com os professores não tenha o objetivo de um grupo psicoterapêutico, acaba promovendo efeitos terapêuticos, na medida em que oferece uma possibilidade de fazer-dizer aquilo que é da ordem do mal estar na educação e possibilita que os professores saiam do lugar de "queixa" e de impotência, e acedam àquilo que é da ordem do (im)possível na educação, porém realizável, dentro de uma perspectiva menos idealizada sobre o papel do professor.

Se a direção do tratamento das crianças atendidas na Pré-escola Terapêutica Lugar de Vida é entendida como educação terapêutica, visando a seu possível ingresso na escola regular, deve-se pensar a partir desse ponto que é necessário *incluir* os professores no trabalho institucional.

A parceria com os educadores é peça fundamental nesse trabalho terapêutico; no entanto, ao se buscar esse espaço de interlocução com os profissionais da escola, depara-se com um sistema educacional "doente", que muito reclama mas nada quer saber sobre o engendramento do fracasso escolar, esse mal-estar que há décadas ronda o campo da educação.

Portanto, um trabalho de intervenção nessa patologia do laço social, que é o fracasso escolar, e do qual a escola mostra-se porta-voz nas falas dos professores é, antes de tudo, uma conduta ética, pois possibilita a circulação dos "não-ditos" que adoecem o indivíduo e o tecido social.

Referências bibliográficas

Cabas, A. G. (1982). *Curso e discurso da obra de Jacques Lacan.* São Paulo, SP: Moraes.

Lacan, J. (1969/70). *O Seminário – livro 17*: O avesso da psicanálise. Rio de Janeiro, RJ: Jorge Zahar Editor, 1992.

Lacan, J. (1958). A direção do tratamento e os princípios de seu poder. In *Escritos*. Rio de Janeiro, RJ: Jorge Zahar Editor, 1998.

Oliveira, L.G.M. (1999). *A escuta psicanalítica dos pais no tratamento da criança psicótica.* Tese de Mestrado, IPUSP, São Paulo, SP.

A inclusão é não toda[1]

Rinaldo Voltolini

Sabemos das reservas de Freud sobre os políticos. Afinal ele tinha razões tanto pessoais quanto doutrinárias para não tê-los em alta conta. Pessoais porque, dada sua condição judaica, não pôde realmente contar muito com eles para ver-se um pouco mais livre da perseguição anti-semita. Consta, aliás, que pressionado a responder em quem votaria, teria declarado sua intenção de voto ao partido liberal. Não, é claro, como alguns gostariam de concluir apressadamente, por afinidade de pontos de vista, senão por voto útil, já que a única outra opção existente era o partido nazista.

Mas as razões doutrinárias para a antipatia com os políticos são bem mais interessantes. Freud dizia, a propósito de Woodrow Wilson, presidente dos Estados Unidos, que os políticos estão sempre inclinados a sacrificar a realidade em favor de considerações com intenções nobres, ou seja, em nome de ilusões. Portam-se como aqueles que, desejando o bem, criam o mal.

Podemos mesmo tomar esse ponto de vista como a medida para atravessarmos o assunto da inclusão escolar, já que a inclusão enquanto projeto é originariamente um assunto *político-partidário*.

A *Declaração de Salamanca*, entre outras virtudes, teve o mérito de colocar na agenda política internacional a preocupação com os direitos dos deficientes, em especial com os recursos educacio-

---

[1] A inspiração para o título deste texto devo aos comentários preciosos feitos pelas Professoras Nina Leite e Walkíria Helena Grant a propósito de meu trabalho de pesquisa .

nais que a eles deveriam ser disponibilizados. E, nesse sentido, foi para *tomar partido* dos deficientes que ela se instalou.

De lá para cá, pelo menos nos países que dela foram signatários, tornou-se tarefa pensar nas adequações necessárias para transformar em realidade as pretensões registradas nesse documento. Passagem essa, aliás, do sonho à realidade, que constitui um verdadeiro *teste de realidade*.

Os que trabalham direta ou indiretamente a questão da inclusão têm chances de sobra para perceber que é um campo repleto de paradoxos e impasses difíceis de se manejar. As dificuldades, entretanto, nos momentos em que foram enfrentadas, não deixaram de produzir efeitos interessantes.

Um deles vale a pena anotar. Consiste na mudança de tom dos textos sobre o assunto. No início eles eram claramente entusiastas, ufanistas, quase panfletários, refletindo o tom de sua origem político-partidária. Com o tempo, foram se tornando mais reflexivos, ponderativos, permitindo a dúvida, o questionamento dessa ou daquela posição.

Poderíamos entender essa mudança de tom como o resultado da necessidade de admitir que ao entusiasmo político é necessário acrescentar-se uma base doutrinária, sem a qual repetiríamos o desconforto já experimentado, por exemplo, pelo movimento antimanicomial, que no início moveu-se pelo entusiasmo do *abrir os portões* para só em seguida perceber a dificuldade de dialetizar as contradições sociais conseqüentes.

Com as chamadas escolas especiais, não foi muito diferente. Houve aqueles que entenderam a proposta de inclusão como a chegada da hora de abrir os portões de uma instituição segregatória desmontando a educação especial, na aposta da capacidade de absorção desses alunos pelo sistema regular.

Ou seja: como é freqüente no raciocínio político-partidário, acredita-se que tudo depende sempre de medidas administrativas. É necessário reconhecer que esse encaminhamento da questão confundiu muito as coisas e promoveu um *sacrifício da realidade*.

De um lado, os entusiastas extremistas que, negando a diversidade do real, acabam transformando as crianças em soldados da causa da inclusão, enviando-as para um verdadeiro *front* sem que a elas sejam dadas muitas chances de sobreviver. Uma professora dizia após uma discussão de caso de uma tentativa fracassada de inclusão de uma criança numa escola regular: *"Mas pelo menos garantimos a ela o direito de estar na escola, vocês não acham? É preciso insistir!... Água mole em pedra dura, tanto bate até que fura!"*

De outro lado, os professores que, impedidos de contar suas fantasias a respeito, sob pena de ferir o código do *politicamente correto* (quem pode manifestar-se contra a inclusão?) ficam compelidos a expressar seu desconforto, sua *má posição* pela queixa que quase sempre toma a forma ecolálica do *não temos recurso, não temos especialização.* E ainda que venham os tais recursos e a tal especialização, embora inegavelmente cruciais para o processo de inclusão, provavelmente não cessarão a queixa, já que ela vem no lugar de uma verdade recalcada.

Note-se, de passagem, que tais condições de convivência se assemelham bastante àquelas que na época de Freud, reservavam a *má posição* às mulheres (mas não só a elas) que, impedidas de *falar suas fantasias*, sucumbiam ao sofrimento histérico.

Ao propormos aos professores que falem das vicissitudes de seu trabalho, não é raro encontrarmos o retorno dessa verdade recalcada. Num desses momentos de escuta, uma professora que em princípio estava preocupada com uma discussão sobre a terminalidade da escolarização, ou seja, até qual idade devemos considerar viável uma proposta educativa, exclama: *"Eles têm que ir embora! Não podemos ficar com eles para sempre... Eles têm que ir embora!"*

Após a indagação: *"mas por que você resolveu nos contar sobre o fulano?"* a uma professora que resolveu relatar com riqueza de detalhes o caso de um de seus alunos, ouvimos a seguinte resposta: *"A gente tem pensado numa saída para ele."*

Ou ainda, sob forma de denegação, outra professora dizia em resposta à crítica que uma colega lhe fizera com relação à atitude tomada com um aluno: *"olha, ninguém aqui é contra a inclusão... Eu vejo mais coisas a favor do que contra."*

Imediatamente depois de ouvir a colega listar os diagnósticos médicos dados a uma determinada criança que estava sendo discutida, uma outra educadora exclama: *"Mas, meu Deus, o que esta criança está fazendo na escola?"* Ao ser questionada sobre: *"você tem alguma idéia do que significam, na prática, esses diagnósticos? Que tipo de restrições práticas e limitações eles poderiam indicar?"*. Num misto de surpresa e raiva ela responde: *"Não"*.

Exemplos como esses podem ser encontrados com bastante freqüência em situações de escuta, demonstrando a insistência do desejo de que, de alguma forma, fosse possível não ter que se ocupar com essas crianças. Talvez sobre essa situação, os psicanalistas tenham algo a dizer já que, a exemplo de Freud, sabem que o *sacrifício da realidade* custa mais do que o enfrentamento dela.

Freud não defendia a verdade por adesão a uma posição moral, como a dos cristãos, por exemplo, mas por um cálculo de custo-benefício: a *política do avestruz* (ou seja, a neurose) custa mais do que o enfrentamento da castração. Parecia a Freud que constatar as limitações, reconhecer os *maus sentimentos*, admitir a precariedade de nossos recursos diante de algumas situações, quando elas realmente existem, é mesmo uma alternativa produtiva em contraposição a outra, defensiva e, em geral, imobilizante.

Poderíamos esperar que a psicanálise fizesse também aqui o que sempre fez, ou seja, interpretar na direção da castração, na direção de um lidar diferente com aquilo que se recalcou.

Um grupo de professores contava, horrorizado, sobre uma proposta endereçada a seus alunos surdos. Uma empresa da região, preocupada com os custos altos derivados de processos que funcionários moviam por terem perdido parte da audição, dado o ambiente excessivamente ruidoso no trabalho, havia proposto a contratação de seus alunos surdos, já que, com eles, não precisariam mais temer tais processos. Indaguei-lhes se deveríamos realmente nos indispor contra essa iniciativa, já que, talvez, pela primeira vez, esses alunos estivessem vivendo como *eficiência* ou aptidão o que sempre viveram como *deficiência*. Ademais, sendo procurados como mercadoria estavam tão incluídos na sociedade quanto qualquer um de nós. A observação com valor de interpretação não visava, evidentemente, fazê-los consentir com a exploração capitalista. Visava, antes, apontar neles um *gozo*[2] específico que toma essas crianças numa posição de serem protegidas de um mundo que, *imagina-se*[3], está sempre querendo discriminá-las. É necessário refletir sobre as razões que nos levaram a decidir, diferentemente da sociedade grega, que destinava suas crianças deficientes à morte, por poupar as nossas para integrá-las ao convívio social.

Como nos mostra Kupfer (2001), uma das razões para essa mudança de posição vem do fato de que *"... garantir que uma criança 'defeituosa' viva é garantir que ninguém terá o poder de decidir sobre a vida ou a morte de quem quer que seja, portanto, garantir que uma criança com problemas viva é garantir que todas as demais vivam também"* (p. 73).

Poderíamos também reconhecer outra razão.

Nossa sociedade gosta de mostrar os portadores de deficiência protagonizando espetáculos de *superação* das limitações. Assim, temos num momento um cadeirante que, vencendo as barreiras arquitetônicas que uma cidade descomprometida com os direitos lhe impôs, conseguiu, apesar disso, cursar e se formar na universidade. Noutro momento, mostram-nos um sujeito com amputação parcial das duas pernas, sentado, fazendo *embaixadinhas* com um notável talento e habilidade.

O curioso desses exemplos, em que pese o drama individual que comporta cada um deles, é que se olharmos por outro ângulo (o

---

[2] Termo da psicanálise, de definição complexa, aqui utilizado para designar a presença de fatores inconscientes no modo como se julga determinada situação. É uma forma de marcar que quando pensamos algo sobre um assunto isso está sempre, de algum modo, atravessado pelos nossos próprios conflitos subjetivos.

[3] Relativo a imaginário, conceito da psicanálise, que indica a participação de nossa realidade psíquica na consistência dada a uma determinada idéia.

do sintoma social), as pessoas portadoras de deficiência não estão tão excluídas assim. Elas ocupam um lugar, como não poderia deixar de ser, na *economia de gozo da cidade*.

Na medida em que, dada sua condição, mais facilmente podem prestar-se a tais espetáculos de superação parecem ficar sob medida a uma sociedade que se acostumou com a promessa científica de que não há limites que não possam ser superados; se ainda não hoje, amanhã com certeza.

Esse ângulo da questão importa-nos salientar, pois, embora não esteja na perspectiva da discussão sobre os direitos envolvidos no processo de inclusão, demonstram bem a complexidade da questão. Complexidade essa que tende com freqüência a ser negligenciada pela abordagem político-partidária, que compreende a inclusão como um *para todos*. Esse é mesmo o lema de qualquer movimento pró-inclusão, já que parte da constatação da desigualdade de direitos e do acesso na distribuição dos bens da cidade. E nesse sentido pretende quitar o que estiver em débito, ir até o fim, fazer-se todo.

Um sugestivo (e sintomático) título de capítulo do livro *A educação inclusiva*, de Peter Mittler (2000) legítimo representante da abordagem político-partidária, é “Preparando todos os professores para ensinar todos os alunos”.

Ainda que se destaque o papel importante que certa preparação necessária possa ter para o processo de inclusão, não parece razoável acreditar que essa e outras medidas administrativas possam dar conta de *todo* o problema. Ainda que, é claro, nenhum defensor dessas propostas esteja disposto a admitir que pense em resolver toda a questão através de medidas administrativas. O que se pode observar, entretanto, é que há uma insistência grande em tomar a questão por esse lado.

Talvez tenhamos aqui um bom exemplo do sacrifício da realidade em nome da sustentação de ideais. Talvez ganhássemos em admitir que na busca de preparação do professor *não-todo-ele* (que não se confunda com nem-todos-eles) será afetado pelos objetivos louváveis da inclusão.

Ainda que ele tenha, depois, o que não tinha antes, instrumentos importantes, na mão, para trabalhar com a inclusão, não deixa de ser o sujeito dividido que sempre foi, dividido entre *suas piores disposições e suas maiores virtudes,* como nos diria Freud.

Talvez também ganhássemos ao considerar que a questão relativa aos direitos e ao acesso aos bens da cidade é *não-toda* a questão da inclusão e que dar alguma atenção à *sustentação pulsional* do problema poderia nos levar a lugares interessantes.

Enfim, que possamos pensar, parafraseando Freud, que a inclusão tenha um lado terminável e outro interminável. Ou seja, que ela tenha um resto do qual não se possa evadir.

Referências bibliográficas

Kupfer, M. C. M. (2001). Duas notas sobre a inclusão escolar, in *Escritos da criança, nº 6* (p.71-81).Porto Alegre, RS: Centro Lydia Coriat

Mittler, P. (2000). *Educação inclusiva: contextos sociais*. Porto Alegre, RS: Artmed Editora.

Uma outra guerra

Fernando Anthero Galvão Colli

Em setembro de 1945, quando os aliados comemoravam a vitória sobre o nazismo, Jacques Lacan empreendeu uma viagem à Inglaterra com o objetivo de estudar o trabalho dos psiquiatras nos quartéis. Produziu, então, o texto *A psiquiatria inglesa e a guerra* (1947). Chamava a sua atenção a diferença como o exército britânico e o exército francês enfrentaram o Real da guerra. O britânico, pela maneira heróica e sem romantismo, com o engajamento efetivo de cada soldado até os seus últimos recursos. O francês, pela falta de oposição e pelo pânico. Lacan evidencia a relação do exército francês com a angústia, desnudada pelo pânico. Essa maneira de proceder do exército francês diante do Real equivale à maneira como os sujeitos se defendem dele. Face à dissolução do estatuto moral da França ele opõe *"esta verdade que a vitória da Inglaterra é da alçada moral... eu quero dizer que a ousadia de seu povo repousa sobre uma relação verídica ao real,* e conclui: *O estatuto ético do sujeito se aproxima por sua relação ao real".*

O trabalho dos psiquiatras no quartel

Lacan (1947) interessou-se pelo trabalho de dois psiquiatras e psicanalistas ingleses, Bion e Rickman, publicado na revista médica *The Lancet* (1943).

Diante de soldados rebeldes ao comando por razões neuróticas diversas, Bion organiza-os em grupos pequenos, tendo como condição possuir um objetivo. Em seguida *"força o grupo a tomar consciência de suas dificuldades de existência como grupo, depois de torná-lo cada vez mais transparente a ele mesmo, ao ponto em que cada um de seus membros possa julgar de forma adequada os progressos de seu grupo"*.

Rickman procede de maneira diferente, mas com o mesmo objetivo. Combina a organização em grupos com entrevistas individuais, mas o que agrada a Lacan, segundo Éric Laurent (2000), é uma observação simpática ao neurótico: "*se podemos dizer que o neurótico é egocêntrico e tem horror a todo esforço para cooperar, é talvez porque ele é raramente colocado num meio onde todo membro esteja no mesmo nível que ele no que concerne às relações com seu semelhante*" (p. 26). Lacan sublinha a característica essencial do grupo pequeno e do seu elemento suplementar, o líder funcional, *no qual cada um trabalha em condições de igualdade com os outros numa tarefa precisa*. Eis, então, o retrato do herói para Lacan: o homem que sem nenhum romantismo sabe por sua força moral estar à altura do Real. Aquele que sabe, ante o impasse, encontrar os recursos para sua ação.

O cartel

Baseado na lógica do funcionamento do grupo pequeno com seu líder funcional, o elemento suplementar, Lacan viria, posteriormente, constituir grupos para a formação de psicanalistas na sua escola. Denominou tais grupos de Cartel. São constituídos por quatro pessoas e o *mais um* (líder funcional, elemento suplementar) que têm em comum o mesmo objetivo. Denominou a quinta pessoa do grupo de o *mais um* e o qualifica de suplementar em oposição a complementar porque ao *mais um* cabe a função, difícil, de não dar a sua resposta, o seu significado, o seu entendimento às questões de cada um dos membros do grupo. Cabe a ele a função de encorajar os demais a procurar, cada um, a sua resposta possível.

A lei

Por força de lei, a escola é obrigada a acolher toda criança, independentemente de seus predicados. Não importa a que nível socioeconômico pertença, se é uma criança portadora de alguma deficiência no seu corpo, de uma doença ou de uma síndrome. Também não importa se a constituição subjetiva da criança não ocorreu da maneira que mais freqüentemente ocorre, isso é, da maneira neurótica. Enfim, todas têm o direito à escola.

Uma menina com 12 anos de idade, negra, abandonada pelos pais, com higiene precária, portadora de uma deficiência visual e de síndrome de Down, com verminose, subnutrição e psicótica encontrará resistência maior por parte do educador que um menino de sete anos, branco, de uma família estruturada, neurótico, com um corpo saudável e sem deficiências. Tal resistência do educador provoca, geralmente, sentimentos de vergonha, de culpa. É da mesma ordem da resistência do soldado francês em combater diante do horror ao Real encarnado pelos nazistas.

Uma outra guerra

A criança que chega à escola, hoje, está cada vez mais distante do padrão imaginado pelo educador como aluno ideal. Diante desse Real, que vai se aproximando e angustiando como se fosse uma invasão (as escolas parecem fortificações), há para a escola duas escolhas possíveis: ou fica paralisada pelo pânico, como o exército francês, e se deixa invadir, ou se prepara, como o exército britânico, para dar conta do que a ameaça.

Alberto é paciente da Pré-escola Terapêutica Lugar de Vida, tem 12 anos de idade e, quando começou o tratamento, não falava, comia com as mãos e não tinha freqüentado nenhuma escola. Depois de algum tempo de tratamento, e como tática em busca da cura, a escolarização de Alberto foi proposta.

A escola, escolhida pelos pais, fica próxima a casa deles, é estadual, enorme, com aproximadamente 2.000 alunos que moram principalmente nas duas favelas que cercam a escola e num conjunto habitacional popular.

O acolhimento de Alberto e de seus pais foi diferente do observado usualmente. A escola não impôs nenhum condicionante à matrícula. O início das atividades escolares foi o mesmo dos demais alunos. Quando Alberto chegou à escola, todos os educadores já sabiam da sua vinda. No primeiro dia de aula, na hora da merenda, Alberto irrompeu cantina adentro, desrespeitando todas as normas, e passou a servir-se, diretamente, com as mãos, da comida dos caldeirões. Foi imediatamente posto para fora da cozinha pela merendeira que lhe disse, brava: *"Aqui, nessa escola, todos respeitam a fila, todos comem como gente, isto é, com talher e prato; se você não sabe comer como gente, eu te ensino"*. Em pouco mais de uma semana, Alberto estava "comendo como gente".

Nessa escola, a diretora ocupa o lugar e a função do *mais um* do cartel ou o lugar e a função dos psiquiatras nos grupos de militares ingleses durante a guerra. Isto é, reúne todos os educadores (merendeira é educadora), coloca-os a par das dificuldades com que a escola vai ter que se haver (o Real que angustia) e os responsabiliza, também, pela busca das soluções (o objetivo comum). Há nos educadores dessa escola um orgulho e satisfação por estarem, juntos, conseguindo vencer essa guerra. Escolheram enfrentar o Real e não se deixaram invadir.

Referências bibliográficas

Laurent, É. (2000). Sete Problemas de Lógica Coletiva na experiência da Psicanálise Segundo o Ensinamento de Lacan. *Opção Lacaniana*, n.º 26/27, 24-5, abril.

Lacan, J. (1947). A Querela dos diagnósticos. In J. Lacan e outros. *A psiquiatria inglesa e a guerra* (p.11-26). Rio de Janeiro, RJ: Jorge Zahar Editor, 1989.

Sobre os autores

Ana Beatriz Valério Coutinho
Psicóloga
Mestranda em Psicologia Escolar pelo Instituto de Psicologia da Universidade de São Paulo – USP
Membro do Grupo Ponte da Pré-escola Terapêutica Lugar de Vida / Instituto de Psicologia da Universidade de São Paulo – USP

Andréa Maia Assali
Psicóloga e psicanalista
Membro do Grupo da Pré-escola Terapêutica Lugar de Vida / Instituto de Psicologia da Universidade de São Paulo – USP

Evelyse Stefoni de Freitas
Psicóloga e psicanalista
Membro do Grupo Ponte da Pré-escola Terapêutica Lugar de Vida / Instituto de Psicologia da Universidade de São Paulo – USP

Fernando Anthero Galvão Colli
Pediatra e psicanalista
Membro da equipe da Pré-escola Terapêutica Lugar de Vida / Instituto de Psicologia da Universidade de São Paulo – USP
Coordenador do Grupo Ponte

Luciana Pereira Braga
Psicóloga e psicanalista
Membro do Grupo Ponte e da equipe de pesquisa do Projeto Temático FAPESP na Pré-escola Terapêutica Lugar de Vida

Maria Cristina Machado Kupfer
Psicóloga e psicanalista
Professora Livre Docente do IPUSP
Diretora da Pré-escola terapêutica Lugar de Vida / Instituto de Psicologia da Universidade de São Paulo – USP

Maria Eugênia Capraro de Toledo
Pedagoga
Especialista em tratamento e escolarização de crianças com distúrbio global do desenvolvimento
Membro da equipe da Pré-escola Terapêutica Lugar de Vida / Instituto de Psicologia da Universidade de São Paulo – USP e do Grupo Ponte

Marise Bartolozzi Bastos
Psicóloga e psicanalista
Mestre em Psicologia Escolar pelo IPUSP
Membro da equipe da Pré-escola Terapêutica Lugar de Vida / Instituto de Psicologia da Universidade de São Paulo – USP e do Grupo Ponte
Membro do Departamento de Psicanálise do Instituto Sedes Sapientiae

Monica de Barros Cunha Nezan
Psicóloga e psicanalista
Membro da equipe da Pré-escola Terapêutica Lugar de Vida / Instituto de Psicologia da Universidade de São Paulo – USP e do Grupo Ponte

Sobre os autores

Nanci Mitsumori
Pedagoga e psicanalista
Mestre e doutoranda pela FEUSP
Ex-membro do Grupo Ponte da Pré-escola Terapêutica Lugar de Vida / Instituto de Psicologia da Universidade de São Paulo – USP
Vice-coordenadora do Núcleo de Pesquisas em Psicanálise e Educação da Faculdade de Educação da Universidade de São Paulo – USP

Paula Carpinetti Aversa
Psicóloga
Ex-membro do Grupo Ponte da Pré-escola Terapêutica Lugar de Vida / Instituto de Psicologia da P Universidade de São Paulo – USP

Rinaldo Voltolini
Psicólogo e psicanalista
Professor Doutor pela Faculdade de Educação da Universidade de São Paulo – USP

Siglia Leão
Psicóloga
Especialização em tratamento e escolarização de crianças com distúrbio global do desenvolvimento pelo Lugar de Vida/ IPUSP
Formação complementar em psicanálise e tratamento de jovens psicóticos: Le Courtil/CF – Bélgica
Membro do Grupo Ponte da Pré-escola Terapêutica Lugar de Vida / Instituto de Psicologia da Universidade de São Paulo – USP

Valéria Amâncio
Psicóloga e psicanalista
Membro da equipe da Pré-escola Terapêutica Lugar de Vida / Instituto de Psicologia da Universidade de São Paulo – USP e do Grupo Ponte